「わたし」のための

金融
リテラシー

小島 明子　橋爪 麻紀子　黒田 一賢 [著]

一般社団法人 **金融財政事情研究会**

はじめに

　新型コロナウイルス感染症拡大をはじめ、相次ぐ異常気象により頻発する自然災害や地震による被害を経験することで、想定外の出来事が突然起こり、変化を余儀なくされる社会を私たちは目の当たりにしてきました。

　従来にも増して不確実な時代にあって、女性が経済的に自立して生きていくために必要な金融リテラシーを獲得できる書籍をつくりたいという著者と、趣旨に賛同をいただいた編集者の思いから本書の出版が実現いたしました。

　いま、日本が一億総活躍社会の実現を目指すなか、将来起こりうるかもしれない結婚や出産等のライフイベントに対する不安や、仕事と生活のバランスのあり方に悩みを抱える方も少なくないと考えます。

　そこで、本書は、単にお金の問題だけではなく将来のキャリアに対して不安を抱えている女性（あるいはそのような女性をサポートしたいという思いをもつ男性の方々）のための内容にいたしました。

　第1章では女性がお金を学ぶことの大切さについて整理し、第2章、第3章では女性がライフイベントで知っておくべき国の制度等や資産運用の仕方をわかりやすく解説しています。続く、第4章、第5章では、最近話題になっているESG投資やSDGsを中心とした新たなお金の流れや社会の変化を知り、第6章は女性に向けたメッセージを通じて、自身のキャリアを考えるという流れで構成されています。

　本書が読者の皆様の金融リテラシー向上の一助となり、お一人おひとりが自分らしいキャリアを切り拓くために必要な知識を深めていただければ幸いです。そうすることで、激変する社会においても、一喜一憂することなく、精神的・経済的に自立する女性となるヒントになれば望外の喜びです。

　また、本著制作にあたり、終始熱心な編集・校正をいただいたきんざいの西田侑加様、本企画にご協力くださった同社舟山綾様、素敵なイラストをご提供くださったはまぐり涼子様、本文中コラムのインタビューにご協力いただいた鉄建建設の野本由美子様、小山美月様、スリール代表取締役堀江敦子様、そのほかご協力・ご助言をいただいた多くの皆様にも著者一同心よりお礼申し上げます。

2020年9月

著者一同

目　次

第 1 章
なぜ、女性がお金について学ぶことが大切なのか

第2章
女性がライフイベントで知っておくべきお金のこと

第3章
お金の運用の仕方を学ぶ

第4章
お金の流れで社会を変える

第5章
新しい社会の仕組みを考える

第6章
すべての女性のために伝えたい7つのメッセージ

第 **1** 章

なぜ、女性が
お金について学ぶことが
大切なのか

　女性のキャリアが多様化している現在、お金のことを学ぶことはすべての女性にとって大切なことです。本章では、女性のお金に関する知識の現状、人生におけるお金とのかかわり方、ライフイベントで大きく変化する女性の人生をふまえ、自分が望む人生とお金とのかかわり方についてお話しします。

Study

Work

Marriage

Giving birth

Raising a child
and
Work again

Buying a house

Nursing your
parents

Life after
retirement

Or still working ...?

女性のお金に関する知識の現状

女性の金融リテラシーは低い？

　みなさんは、お金に関する知識をどれくらいもっていますか。私たちと切っても切り離せないお金という存在ですが、**男性に比べて女性のほうがお金に関する知識が少ない**ことがわかっています。

　金融広報中央委員会[1]では、調査対象者25,000人に対して、金融リテラシー・クイズを実施しています。正誤問題5問が出題されていますが、男女別正解率は全年代で男性が54.3％、女性が50.8％とやや男性の点数のほうが高くなっています。18～29歳で男性42.1％、女性39.5％、30代で男性50.2％、女性45.9％と、年代が変わっても男女の結果が逆転することはありません。わずか5問の正答率ですが、女性の正答率のほうが男性に比べて低いという傾向は、3年前の調査結果と変わりません。

図表 1-1　金融リテラシー・クイズ

(単位：％)

	全年代	18～29 歳	30代	40代	50代	60代	70代
全体	52.6	40.8	48.0	51.1	55.2	59.3	59.8
男性	54.3	42.1	50.2	53.6	56.2	60.9	63.2
女性	50.8	39.5	45.9	48.6	54.3	57.9	56.9

（出所）　金融広報中央委員会「金融リテラシー調査 2019年調査結果」をもとに著者作成

なぜ金融リテラシーに男女差があるのか

　では、なぜこのような男女差が生じてしまうのでしょうか。その理由としては、主に3つのことがあげられます。

　1つ目は、**男性に比べて数学が得意な女性が少ないこと**です。OECD（経済協力開発機構）[2]が実施した学力調査によると、読解力は、女子生徒の得点が男子生徒よりも20ポイント高く、数学的リテラシーは、男子生徒の得点が女子生徒よりも10ポイント高くなっています。この結果をもって、女性のほうが数学の適性が低いとは言い切れませんが、数学を得意としている女性は少ないといえます。実際に日本では、研究者など理数系分野で活躍する女性が少ないのが現状です。仕事と家庭の両立のむずかしさなどの理由から、仮に適性はあっても、理数系への進学を最初から敬遠している女性が少なくないという事情もあります。

　2つ目は、**金融について学ぶ機会が少ないこと**です。金融庁[3]によれば、証券投資についての教育を受けたことがない若者は約7割に上り、女性は男性に比べて教育を受けたことがない人の割合がやや高くなっています。さらに、証券投資が必要だと感じていない若者（20～24歳）は、男性よりも女性のほうが多く、その理由として、約4割の女性が、金融や証券に関する知識をもっていないことをあげています。女性のほうが金融について学ぶ機会が少ないことが、男女の知識差につながっている可能性は否定できません。

　3つ目は、**男性に比べて女性の年収が低いこと**です。フィデリティ退職・投資教育研究所[4]によれば、投資家比率や投資に対するイメージ、投資リテラシーなどで男女差がみられる理由として、年収の格差が背景にある可能性を指摘しています。平均的に男性は年齢を重ねるにつれ年収が上昇するのに比べ、女性はほとんど変わらず、40代、50代でその差は大きくなります。しかし、女性の活躍が世の中で注目され、近年では、国内の男女の賃金格差[5]が過去最少になるなど、女性の雇用環境は徐々に改善されてい

ます。今後は、活躍する女性が増えるとともに、男女の賃金格差が縮まれば、投資に関心をもつ女性は増えることが想像できます。

お金に関する知識は自ら学ぶ機会をつくらないと身に付かない ➤

　お金に関する知識の男女差の問題は、日本の女性に限った話ではありません。実は、経済大国のアメリカの女性ですら、投資を通じて社会的に貢献をしたいという思いは強くもちつつも、投資への知識に関する自信は少ないといわれています[6]。国内では、女性の管理職比率の低さを筆頭に、他の先進諸国に比べて日本の女性の活躍の遅れが指摘されてきましたが、お金に関する知識については、日本の女性特有の問題ではないのです。

　男性よりも女性のほうがお金に関する知識が少ないからこそ、その事実を認識し、女性は将来に向けてお金のことをしっかり学ぶことが大切です。もともと適性がないといった早まった認識で諦める必要はありません。金融は一見むずかしくなじみにくいものですが、女性がお金に関する知識の不足を感じている背景には、数学への苦手意識や、大学等での専攻、金融経済教育の機会の不足など、さまざまな要因があるのです。お金に関する知識を高められるか否かは、**自分が学ぶ機会をつくろうという姿勢次第で、今後大きく変化をする**はずです。

人生におけるお金とのかかわり方を考える

なぜお金は必要？ ━━━━━━━━━━━━━━━━━━━━●

　人生のなかで、初めてお金のことを自分事として考える機会として、多くの方が子どもの頃のおこづかいを思い出されるのではないでしょうか。

金融広報中央委員会[7]は、小学生から高校生まで幅広い子どもにおこづかいに関する調査をしていますが、おこづかいをもらっている小学1～2年生の約7割がお金をたくさん貯めたいと感じ、お金がいちばん大切であるという回答は、約3割弱です。さらに、興味深いことに、高校生になると、その傾向はさらに強くなり、お金をたくさん貯めたい高校生は約9割に上り、お金がいちばん大切であると感じる高校生も約4割近くになっています。子どもの頃は、なんとなくお金をたくさん貯めることが良いことだと思いつつ、年齢が経つにつれてお金の大切さを感じていることがわかります。

　では、なぜ私たちはお金を必要としているのでしょうか。人間の欲求を階層化したマズロー博士（Maslow, A. H.）は、自己実現に向けて人間は絶えず成長し、生理的欲求、安全の欲求、所属と愛の欲求、承認の欲求、自己実現欲求の順に、低次の欲求から高次の欲求に移行すると指摘しています。この欲求の段階は、1つ上の欲求の段階を飛ばして高次の欲求に移行したり、あるいは、順番が逆転して高次の欲求から低次の欲求に移行することはないそうです。**私たちがお金を必要とする大きな理由は、これらの欲求を1つずつ満たしながら、最終的には自己実現を行っていくため**だと言っても過言ではないと考えます。

お金にかかわる行為は、貸借対照表・損益計算書と似ている

　自己実現のために不可欠なお金ですが、多くの方は、社会に出てから、働くことを通じて初めて手にします。株式投資等に投資を行う、金融機関等から借りる、生活を行ううえで必要なものを購入するために支払うといった行為を加えると、主に4つの視点でかかわることになります。それらの4つの視点は、企業の貸借対照表、損益計算書と同じように整理ができます。貸借対照表とは、一定時点における財政状況を示すものであるのに対して、損益計算書とは、一定期間（多くは1年）の経営成績を表すものです。

貸借対照表では、資産になるものと、負債になるものを整理し、その差分が純資産になります。たとえば、現預金や不動産、株式などは資産になりますが、住宅ローンなどの借入れを行うと負債が増えます。資産から負債を引いた分が実際の自分の純資産になります。仮に、無理な借入れなどをして高額な不動産を購入し、不動産価格が暴落してしまうと、純資産が著しく少なくなる（場合によってはマイナスになる）ことがわかります。見通しのつかない無理な借入れなどは抑制し、純資産を増やすことが健全な家計といえます。

　一方、**損益計算書では、給与収入などの収入から、生活費等の必要な費用を差し引いた残りが利益**となります。たとえば、利益が増えれば現預金が増え、純資産が結果として増えることになります。逆に、贅沢をして給与収入を超えるぐらいの買い物などをしてしまうと、貯めていた現預金を減らし、純資産を減らすことになります。

　なかには、投資か消費か、貸借対照表や損益計算書上で、表現しきれないものがあるのも確かです（企業のESG側面の活動に対する判断を組み入れたESG投資については第4章で取り上げます）。資格取得費用は、消費と考えるとマイナスですが、資格を取得したことで、将来収入が増える可能性が

◗ 図表 1-2　貸借対照表（左図）　損益計算書（右図）

資産	負債	収入	費用
現預金 不動産 株式 債券 投資信託　等	住宅ローン カードローン　等	給与収入 副業収入 株式等からの配当金 親族からの贈与　等	住宅費（ローン返済） 食費 教育費 光熱費 税金　等
	純資産		利益（貯金等）

（出所）　各種資料をもとに著者作成

あれば、それは投資です。**趣味に多額のお金を使っても、将来それが仕事になれば、そのお金の使い方は、消費ではなく投資**だといえます。

お金をコントロールしていくことが大切

　お金が大事という人は多いですが、お金そのものは、自分が死んだ後にどこかにもっていけるものでもありませんし、お金そのものに不思議な力が備わっているわけではありません。お金を貯めるだけの人生では、新しいチャンスの獲得や、成長の機会も減ってしまいます。**健全な家計のための管理は行いつつも、お金を有効活用し、自分の価値を高めていくことは、自己実現のために大切なこと**だといえます。

　最後に、お金とのかかわり方次第では、自己実現どころか、自分を苦しめる存在になることも忘れてはなりません。残念なことに、毎年、自殺する人の大きな理由の1つは、経済的な問題です[8]。著者が本書を執筆している現在、新型コロナウイルスの感染が国内で広がり、全国で緊急事態宣言が発令されています。多くの企業が経済的な打撃を受け、倒産する企業や失業者の増加のニュースが日々報道されています。数カ月前、中国の一部の地域で発生した感染症としてしかとらえられていなかった問題が、世界的に広がってしまうことなど、多くの人にとっては予想のできなかったことです。そのような想定外の出来事が起きたとき、私たちが抱える重要な問題の1つは、お金の問題です。**変化が多い世の中だからこそ、お金に振り回されないためにお金のことをよく知り、主体的にお金と付き合うことは、とても大事なことなのです。**

ライフイベントで大きく変化する女性の人生

ライフイベントが発生する前から将来を心配する女性たち

　女性のなかには、若いうちから、仕事と家庭の両立がしやすい仕事を選ぼうとか、出産で離職したときのための準備として、いまから資格をとっておこうとか、なんとなく早いうちから、将来のことを考えておかなければいけないとプレッシャーを感じていた方もいらっしゃるのではないでしょうか。

　フェイスブックCOOのサンドバーグ氏（Sheryl Kara Sandberg）[9]は、仕事とプライベートの両立に関する相談に来た社内の若い女性社員が、出産予定もないどころか、ボーイフレンドもいなかった、という経験に基づき、**女の子は幼いうちから、バリバリ働くか、いいお母さんになるか、という強いメッセージを受け取っている**と分析しています。

　ライフイベントへの不安を抱える女性は多いと思いますが、ライフイベントによって、どれくらい女性の人生は変わるのでしょうか。本節では、政府の統計の調査結果等から、日本国内の実状を見てみたいと思います。

❓ 1 四大卒の女性の就職率は、男性よりも低いのか？

　厚生労働省[10]によれば、2018年3月の短期大学卒業に占める就職者の割合は、男性61.9％、女性83.6％、大学卒業者に占める就職者の割合は、男性72.3％、女性82.9％です。実は、女性のほうが男性よりも、就職率が高いのです。大学に関しては、卒業者数から進学者数を除いた就職者割合が17年連続して女性が男性を上回っています。**女性が高い教育を受けると、就職をしづらいという時代ではないのです。**

2　結婚退職する女性は多いのか？

　国立社会保障・人口問題研究所[11]によれば、1985〜1989年に結婚した夫婦のうち、結婚退職した女性は37.3％、就業継続した女性は56.6％でした。これが、2010〜2014年になると、結婚退職した女性は16.8％まで減り、就業継続した女性は73.0％まで増えています。**かつてバブル時代にいわれていた"寿退社"という言葉は、いまや死語になりつつある**ことがわかります。

3　子どもを出産したら、仕事を続けるのはむずかしいのか？

　国立社会保障・人口問題研究所[12]によれば、2010〜2014年に第一子を出産し、かつ出産前に就業継続していた女性のうち、出産退職した女性は46.9％、就業継続した女性は53.1％です。**結婚よりも第一子の出産は、仕事を続けるか否かの分岐点になる女性が多い**のが現状です。日本では、（都市部を中心に）保育園への預入れが困難であることや、柔軟な働き方ができないことなどが、女性の仕事と子育ての両立をむずかしくしています。

4　家事や育児に参画する夫を選べば、仕事と家庭の両立は可能なの？

　内閣府[13]によれば、夫の平日の家事・育児時間が長いほど、妻の就業継続率が高くなっています。夫が平日4時間以上の場合、妻の就業継続率は75.0％に上ります。また、夫の休日の家事・育児時間が長いほど、第二子以降の出生割合も高くなっていますので、**イクメン（育児をする男性）、カジメン（家事をする男性）を夫にもつ女性は、仕事と子育ての両立がしやすい**ことは明らかです。

5　女性の転職理由の多くは、子育てが理由なのか？

　日本総合研究所[14]によれば、女性の転職率は、未婚者50.3％、子どものいない既婚者50.9％、子どものいる既婚者56.9％であり、大きな差はない

ことがわかっています。就職活動の時に、「子育てとの両立のむずかしさ
を理由に辞める女性が多い」ということをいう会社があったら、女性たち
が退職する本当の理由は別にあるのかもしれません。**待機児童が多い東京
圏ですら、女性が会社を続けられずに転職をするのは子育てだけが理由では
ない**のです。

6 子育てが落ち着いたら再就職はできるのか？

内閣府[15]によれば、女性の年齢階級別労働力率（M字カーブ）は、平成
30年には35〜39歳（74.8％）がM字の底になっていますが、それ以降は
徐々に上昇しています。子育て等が落ち着いた後は、復職する女性が増え
る状況がうかがえますが、**日本社会では、未だに、正規雇用での再就職が
むずかしいという課題**が残されています。

7 女性が活躍しやすい社会になっているのか？

内閣府[16]によれば、常用労働者100人以上を雇用する企業の女性役職者
比率は、係長級18.3％、課長級11.2％、部長級6.6％です。**海外に比べる
と、決して高い数値ではありませんが、女性の管理職比率は毎年徐々に上昇**
しています。また、起業家に占める女性の割合は、平成29年時点で34.2％
ですので、管理職比率と比べれば、起業家として挑戦する女性の比率は高
くなっています。もし、勤めた企業が働きにくい会社であるのならば、働
きやすい会社を自らがつくってしまうということを、選択肢の1つにして
はいかがでしょうか。

8 介護離職をするのは、男女別でどちらが多いのか？

厚生労働省[17]によれば、過去1年間（平成28年10月〜平成29年9月）に
「介護・看護のため」に前職を離職した人は、男性は24,000人、女性は
75,000人であり、女性が約8割を占めています。**介護に直面をしたとき
に、離職をするのは、男性よりも女性のほうが多い現状**がうかがえます。

少子化が進む国内では、兄弟姉妹がいない方が昔より増えていますので、結婚後は、夫婦双方の両親の介護のことを考える必要がありそうです。

　最近では、若い男性ほど、結婚生活では家庭を大事にしたい、仕事と家庭の両立をしていきたいという意識が高まっていると聞きますが、ライフイベントをきっかけに生活を大きく変化せざるをえない女性は少なくないと思います。将来のことを迷ったり悩んだりするときほど、親族や他人の意見に左右されたり、子どもの頃からの固定的価値観に振り回されたりすることもあるでしょう。しかし、**キャリアを主体的に切り拓いていくためには、周囲の意見に惑わされずに、正確な情報を把握したうえで、自分が望むキャリアプランを考えることが大切**です。

自分が望む人生のバランスを整理する

どのようなことを考えておくべき？

　前節では、やっぱり女性はライフイベントで人生を左右されると感じた方や、思ったよりも深刻ではないと思った方などさまざまかもしれません。外部環境を個人が変えることはむずかしいですが、自分のキャリアを変えていく原動力は自分自身の気持ちです。**大事なことは、自分がどのような人生を歩みたいか、総合的に人生のバランス含めて、意識をしておくこと**ではないでしょうか。

　キャリア・ディベロップメントやキャリアプランニングなどを研究しているハンセン博士（Sunny Sundal Hansen）は、家庭や社会における役割だけではなく、人生の役割まで幅広く盛り込んだキャリアの概念として、

「統合的人生設計（Integrative Life Planning／以下、ILP）」を提唱しています。ILPのなかで、ハンセン博士[18]は、キャリア発達と変化するライフパターンのための重要課題をあげています。

① グローバルな状況を変化させるためになすべき仕事を探す
　自分に合う仕事を探すという従来の発想ではなく、地域や地球規模で直面している多くの問題を解決するために創造性を発揮してなすべき仕事に取り組むことです。

② 人生を意味ある全体像のなかに織り込む
　職場以外の役割、男女の役割にも目を向け、人生に自己充足や結びつきを感じられるようにすることを大切にすることです。

③ 家庭と仕事を結ぶ
　職場や家族形態が変化する昨今、役割や人間関係を新たな視点でとらえることを必要とし、男女が平等のパートナーとして協力し合うことを強調しています。

④ 多元性と包括性を大切にする
　属性や価値観など多様性の違いを意識し、さまざまな視点からものをみることを大切にすることです。

⑤ 個人の転機と組織の変化にともに対処する
　転機に対して個人が決断することは大切な課題であり、個人が自分自身、家庭、組織における変化の担い手になるということを強調しています。

⑥ 精神性、人生の目的、意味を探求する
　一人ひとりが精神性から、自分自身の人生の目的や意味の探求を大切にすることです。

　特に②の課題は、多くの女性が共通して考えられることだと思います。ハンセン博士[19]は、人生には４つの基本的役割があり、それを４つのＬという言葉で示しています。このＬには、愛（love）、学習（learning）、労働

（labor）、余暇（leisure）が含まれています。

　国内では、ワーク・ライフ・バランスという言葉が、長い間使われていますが、この言葉を使うと、時には、ワークを選ぶか、ライフを選ぶのか、ワークとライフが対立的でバランスをとるのが非常にむずかしくみえてしまうこともあります。自分のライフのバランスを考えるときに、**ワークかライフか、ということではなく、ハンセン博士の４つのLの視点で整理してみると、より自分が望んでいることが可視化できるのではないでしょうか。**

自分の現状と理想を書き出してみよう

　図表１－３は、ご自身の生活について、現状と今後の理想を書いていただくために用意した表です。合計は100％にしていますので、１週間や１カ月など、期間は自分で選んでみて、時間を配分して割合を入れてみてください。関心をもつご友人がいれば、ぜひ、一緒にやってみてください。

　みなさんのなかには、学習することは余暇に該当するなど、一部重複さ

図表 1-3　自分が望む人生のバランス

	現在	1 年後《理想》	5 年後《理想》	10年後《理想》
愛 （例：家族やパートナーとの生活など）				
学習 （例：留学、資格取得など）				
労働 （例：仕事（本業）、副業・兼業など）				
余暇 （例：旅行、習い事、趣味）				
その他 （上記以外：　　　　　　　）				
合計	100%	100%	100%	100%

（出所）　各種資料をもとに著者作成

れるところもあると思いますが、正解はありません。そのような疑問をもつことも大切です。愛（love）、学習（learning）、労働（labor）、余暇（leisure）以外にも、この4つに含まれないものは、その他に適宜追加してみてください。現在、1年後、5年後、10年後、としていますので、後々、時間が経過した時に見返していただくと、振返りにも役立ちます。

実際に記載をされてみて、どのようなことを感じたでしょうか。

いままで考えたこともなくて、記載をするのに非常に時間がかかった方、記載をしてみると、現実は1年後の理想とかけ離れた生活をしていると実感された方、実は時間というのは有限で、どれかを増やすためにはどれかを減らさないといけないということを感じた方、（ご友人と一緒にやられた方の場合は）ご友人とまったく結果が異なって驚いた方など、さまざまだと思います。

仕事や子育て、介護等家庭のことに追われていると、自分の人生の時間の使い方が、望んでいるバランスとはかけ離れたものになっていることがあります。**自分の人生のオーナーは自分自身だということをぜひ忘れないためにも、自分の望む人生のバランスを日頃から明確にしておくことは必要な**ことかもしれません。

望む人生に向けて、お金はいくら必要か

前節では、自分が望む人生を整理しましたが、その生活を叶えるためには、具体的なマネープランに落とし込むことが大切です。現在は、女性の活躍は進みつつある一方で、終身雇用型の働き方が減り、昔に比べて計画を立てづらいことも確かです。**変化が激しいからこそ、自分の望む人生に**

向けて、**目標や計画を立てることで、全体像を把握しておく**ことは、今後の職業の選択や人生のバランスのあり方などを検討することにも役立ちます。

　職業やライフイベントの選択肢も多様化していますので、すべての人に当てはまるわけではありませんが、下記では、主なライフイベントにかかる費用の平均額を紹介します。

❶　結婚費用

　リクルートマーケティングパートナーズ[20]によれば、婚約から新婚旅行までの費用は、全国平均461.8万円で、新生活まで含めると600万円前後といわれています。地域差や、結婚式のスタイル、ご祝儀や親族からの援助、結婚相手との分担などで、かかる費用の金額は人それぞれですが、結婚式をやりたいと思っている方は、ある程度、まとまったお金が必要にはなるでしょう。

❷　住宅購入費用

　住宅金融支援公庫[21]によれば、住宅にかかる所要平均費用は、マンションが4,437万円、土地付注文住宅が4,113万円で、世帯年収の約7倍に上ります。購入に必要な費用は、その時々の不動産相場や、金利、立地、建築年数などによっても異なります。最近では、子育て中と子育てが終わった後で住まいを変える、子どもとの二世帯住宅で一緒に住むなど、住まいのあり方も柔軟に変化しつつあります。

❸　子育て費用

　子育てにかかる費用に関しては、私立か公立か、習い事や塾等の選択によって金額が変わってきますが、1歳から6歳までは保育所等に、小学生から高校生まで公立、大学は自宅から通える国立の大学に通った場合にかかる養育費・教育費用は約2,900万円となります。（出産費用については第2章で取り上げます）各種関連資料から試算した概算金額ですので、今後の国の子育て支援政策等によっては、変わることもあるでしょう。

　中学校修了まで（15歳の誕生日後の最初の3月31日まで）の児童一人につ

図表 1-4　子育てにかかる養育費・教育費

	養育費	公立	私立
0歳（未就園児）	843,225円		
1歳～6歳 （保育所・幼稚園児） ＊未就学児は1,043,535円	1,216,547円		
	1,216,547円		
	1,216,547円		
	1,216,547円		
	1,216,547円		
	1,216,547円		
7歳～12歳（小学生）	847,225円	321,281円	1,598,691円
	847,225円	321,281円	1,598,691円
	847,225円	321,281円	1,598,691円
	847,225円	321,281円	1,598,691円
	847,225円	321,281円	1,598,691円
	847,225円	321,281円	1,598,691円
13歳～15歳（中学生）	975,565円	488,397円	1,406,433円
	975,565円	488,397円	1,406,433円
	975,565円	488,397円	1,406,433円
16歳～18歳（高校生）	975,565円	457,380円	969,911円
	975,565円	457,380円	969,911円
	975,565円	457,380円	969,911円
合計	19,079,247円	4,765,017円	16,721,178円
19歳	国立　8,123,000円（下宿）／5,243,000円（自宅）		
20歳	私立（文系） 　　　9,332,000円（下宿）／6,684,000円（自宅）		
21歳	私立（医歯系） 　　　29,568,000円（下宿）／25,795,000円（自宅）		
22歳	私立（理系） 　　　10,739,000円（下宿）／8,091,000円（自宅）		

（出所）　下記資料をもとに著者作成

・養育費については、内閣府「平成21年度インターネットによる子育て費用に関する調査」を参照。
　小学生、中学生は学校教育費、学校外活動費を除く。高校生はデータがないため、中学生の数値を参照。
　https://www8.cao.go.jp/shoushi/shoushika/research/cyousa21/net_hiyo/pdf/zentai/3sho_1.pdf
・学習費総額については、文部科学省「平成30年度子供の学習費調査」を参照。
　https://www.mext.go.jp/b_menu/toukei/chousa03/gakushuuhi/kekka/k_detail/mext_00102.html
・大学生の学費の総額については、生命保険文化センターの下記URLを参照。
　https://www.jili.or.jp/lifeplan/lifeevent/education.html

き月額1万5,000円または1万円の児童手当が支給されます（ただし、所得制限限度額以上の人には特例給付として児童一人につき月額5,000円が支給されます）[22]のでその手当は子育て費用として使うことができます。

❹ 老後にかかる費用

生命保険文化センター[23]によれば、夫婦二人で住むためのゆとりある老後の生活費は、平均月額36万1,000円です。男性の平均寿命は81.25年、女性の平均寿命は87.32年ですので[24]、たとえば65歳で退職をした場合に、必要とされるゆとりある生活費のために必要な総費用額は下記のように試算できます（あくまでも試算ですので、個々人の状況や経済環境等によって変動します。未婚等で一人暮らしの女性の場合は、サポートが少ないことを想定して夫婦で必要な金額の80％と高めに設定して試算しています）。これらの金額から、厚生年金等で給付される総額を引くと、必要な貯金額の目安を出すことができます。

① **夫婦二人でいられる年齢を82歳と仮定した場合**

17年×12カ月×36万1,000円＝7,364万4,000円

7,364万4,000円－夫婦二人の年金額＝必要な貯蓄額の目安

② **夫（寿命82歳と仮定）との死別後、女性一人で88歳まで生きると仮定した場合**

6年×12カ月×36万1,000円×70％（仮定）＝1,819万4,400円

1,819万4,400円－女性一人の年金額＝必要な貯蓄額の目安

③ **未婚等で女性の一人暮らしの場合**

23年×12カ月×36万1,000円×80％（仮定）＝7,970万8,800円

7,970万8,800円－女性一人の年金額＝必要な貯蓄額の目安

2019年6月、金融庁が提出した報告書[25]がメディアで多く取り上げられ、老後のためには、年金以外に2,000万円が必要だという話が大変話題になりました。退職後に夫婦で暮らすうえでは、年金以外に月々約5万円

のお金が必要となり、それが約30年間続くと、約2,000万円の貯蓄が必要になるという話です。2,000万円という数字が注目されていますが、実際には、持ち家の有無、勤めていた時代の自身や夫の雇用形態や勤務年数によっても、不足金額が変わってきますので、ご自身のケースできちんと試算されることが大切です。

❺ 趣味・勉強・レジャーにかかる費用

前節では、ハンセン博士の4つのLを整理しましたが、そのなかでも、余暇（leisure）と学習（learning）に重点を置かれた女性もいると思います。特に、人それぞれかかる金額も優先順位も異なるところですので、ご自身の希望にあわせて目安の金額を試算してみてください。

上記の費用の想定がついたところで、図表1−5のようなマネープランシートにぜひ、数字を入れてみてください。ライフイベントも予定通りに起こることではないですし、経済環境の変化なども実際に大きな影響を与えますが、おおよその必要な費用を見積もることはできます。最近では、共働きが増えていますので、共有財産とは別に、自分のお金と夫のお金と分けて管理しておくほうが、相続対策などには有効だといえます。

図表 1-5　マネープランのイメージ

（単位：万円）

ライフイベント（予定）		2020	2021	2022	2023	2024	2025
			結婚		出産	保育園	住宅購入
		現在	1 年後	2 年後	3 年後	4 年後	5 年後
自分の年齢		28	29	30	31	32	33
配偶者の年齢			33	34	35	36	37
子どもの年齢				0	1	2	3
自分の収入（税引き後）	(A)	340	350	360			
配偶者の収入（税引き後）	(B)		500	510			
自分の収入から出した生活費	(C)		200	200			
配偶者の収入から出した生活費	(D)		300	300			
（例：配当等の臨時収入）			0	0			
生活費のために出した収入の合計等	(E)	340	500	500			
住居費		90	120	120			
食費		60	100	100			
光熱費		50	100	100			
教育費		50	10	10			
保険料		6	12	12			
交際費		6	12	12			
（例：冠婚葬祭のための臨時費用）		0	100	100			
生活費のために支出した合計等	(F)	262	454	454			
年間収支(E−F)		78	46	46			
夫婦貯蓄残高： 　年間収支＋前年の共有貯蓄残高			46	92			
自分の貯蓄残高（独身時代）： 　年間収支＋前年の貯蓄残高		178					
自分の貯蓄残高（結婚後）： 　(A)−(C)＋前年の貯蓄残高			328	488			
夫の貯蓄残高： 　(B)−(D)＋前年の貯蓄残高			700	910			

（出所）　各種資料をもとに著者作成

コラム❶

女性経営者インタビュー
スリール株式会社　代表取締役　堀江敦子氏

本書は若い世代の女性向けの金融経済教育への貢献を目的にしたものです。そもそもなぜいま、金融経済教育が必要なのでしょうか。それ自体は最終目的ではありません。**金融や経済へのリテラシーは女性が自分らしいキャリアを築き、心豊かなライフスタイルを楽しむための、１つの知恵にすぎません。**結婚・妊娠・出産・育児といったライフイベントによって女性のキャリアには大きな影響を受けます。キャリアを変えなければならないケースも多くあるでしょう。そのような時、金融や経済の知識をもっていることで、「お金」にまつわる不安を軽減し、「キャリア」に対する前向きで幅広い選択肢をもつことができるのではないかと著者は考えています。本コラムでは、女性が抱える仕事と子育てへの「両立」に対する不安を解消し、女性だけではなく誰もが働きやすい環境づくり、人材育成事業を勧めるスリール株式会社の代表である堀江敦子さんに本書の読者のみなさん向けにインタビューをさせて頂きました。

――**女性活躍支援に関する人材育成・研修事業を行う企業は徐々に増えているのではないかと思いますが、スリールさんの事業の特色を教えていただけますか。**

（堀江さん、以下略）３つほどあります。

１つ目は、女性活躍といっても単純に管理職になることを目的にしているわけではないことです。自分で描いたキャリアを自律的に進めていくことを重視していることです。

２つ目は、他者理解を重視していることです。社会のなかでうまく

生きていくにはコミュニケーション能力が重要です。たとえば、なぜ上司はこのように考えるのだろう、といったような相手の立場に立って考えることなどです。

　3つ目は、ワークショップを中心に、講義形式よりも体感することを重視している研修プログラムであることです。たとえば、（シミュレーション研修などで）上司と部下の役を逆にしてコミュニケーションをとると、自分が違う立場のときにこんな風な思いがあるなど体感できるので、相手にどう伝えればよいかがわかりますよね。

──「両立不安白書」（＊1）という独自の調査報告書を公表されていらっしゃいます。「両立不安」という言葉をつくられた思いや、本調査を実施した背景、報告書における堀江さんの気づきのポイント（特にここがいいたい）を教えてください。

　調査の背景ですが、起業前の学生時代から、仕事と子育ての両立に不安を抱えている方が多いことに疑問をもっていたことにあります。そして実際に不安の原因や解決策をどんなに説明し研修をしても、なぜかそれは解消されない。特に男性にはその不安の構造がそもそも伝わらないのです。その結果、女性が仕事と子育ての両立にチャレンジする前からキャリアを諦めてしまったり、諦めたためにパートナーとの仲が悪化したり、一人で悩みを抱えたり、産後うつになったり、ということが起きています。ですが、本来、両立にはさまざまな選択肢や、さまざまな支援が得られるのです。それがわかれば、（不安が解消され）もっと前向きな方向に進めると感じています。こうした「両立不安」という課題の根本的な原因を打破するため、調査を実施し報告書としてまとめました（＊調査結果の一部によれば、出産経験のない92.7％の働く女性が「両立不安」を抱えている）。

（＊1）　両立不安白書
　　　URL：https://sourire-heart.com/ryoritsufuan/

調査を公表した効果も感じています。数値化したことで、少しずつ国が動き出したと感じています。内閣府の男女共同参画施策を検討する委員をやっていますが、昨年からは文部科学省と「アンコンシャス・バイアス（無意識の偏見、ここでは、男女の役割分担への固定観念を指す）」に気づくためのライフプランニング教育に関するプログラム開発の議論をしています。そして、スリールでは大学と共同で、学生がアンコンシャス・バイアスに気づくための体験型のモデル事業の実証をしています。こうしたことができたのも調査で92.7％が不安を抱えている、と数値化できたことが背景にあるのかもしれません。

——スリールさんのワーク＆ライフインターン事業（＊2）では、大学生が「働くこと」「家庭を築くこと」「子育て」を学び、実際に子育て世帯でのインターン機会を提供されていますね。よろしければ、インターン後に学生に起きた変化などをご紹介ください。

インターンに参加する学生は、そのきっかけは皆さんさまざまですが、その多くは、キャリア教育の一環で本事業を知るようです。参加する目的も実に多様で、単純に子育てや働くイメージを知りたいという女性もいれば、「自分を変えたい」という学生も多いです。インターン先のご家庭や子どもとのコミュニケーションを通じて、自分とは違う他者への理解が進むだけではなく、自分の親との関係性を見つめ直したり、自分自身に対する理解を深めるということにつながったりと、参加した学生さん自身の人間関係を再構築するという効果もあるように思います。

——学生さんが「自分を変えたい」というのは具体的にどんな状況なのでしょうか。

仲間うちで事業を立ち上げ、世の中で話題になるような学生は、全体

（＊2）　ワーク＆ライフ・インターン
　　　URL：https://sourire-heart.com/intern/

の上位数％にすぎません。大半はあまり深く考えずに大学に入って、サークルに入って、家とバイトと学校の往復で何をやりたいかわからず、行動に移せないという子のほうが多いのです。そういう子たちが、友人からの紹介等でインターンに参加することになった理由は、その友人が自分の意見がいえ、そして行動に移せるというところをみて、「自分もそうなりたい」という思いを抱いたことにあります。インターン中の学生がこの活動に継続して参加できる理由に、大人から見守られている、失敗しても大丈夫だという感覚があると聞きました。そういう意味では、学生さんも将来にたくさんの不安を抱えているのです。

――不安の解消という意味では、本書の1つの目的は、読者層の「お金」に対する不安を軽減することでもあります。これまでたくさんの女子学生から働く母親に接してこられた堀江さんから、「お金」に関することで女性が知っておくとよいことは何かありますか？

　2つあります。1つ目は、お金を稼ぐことは悪いことではないということと、2つ目は、自分が働いてお金を得ることは自分の周囲を助けることになるということです。たとえば、夫が仕事を辞めて学び直したいという夢を抱いたとしても、妻が専業主婦だと夫を応援しづらいですよね。でもそこが共働きだと、いまは私が働く番だ、と応援することができます。もちろんその逆もありえるでしょう。そこで夫婦が対等な関係になれるでしょう。自分が仕事を頑張ることで周囲、夫や子どもがやりたいことを応援できるのはすごくエネルギーになりますよね。お金を稼ぐことについて、なぜか日本ではマイナスのイメージをもたれてしまうことがありますが、長期的にみればお金を稼ぐことにはパートナーを幸せにできる力があるのです。

――若くして起業されておられますね。ご自身が結婚・妊娠・出産・育児に直面する前から「働く女性を支援したい」という思いをもたれたのはなぜでしょうか。

　私自身、母は専業主婦でしたが、自分は仕事も子育てもやりたいの

で、母と同じようにやるのは無理だと思っていました。また、中学時代から、児童養護施設などでボランティアをしていましたが、虐待の問題や、親育ての教育の不足といったさまざまな社会課題に触れ、女性だけではなくて「すべての人が自立できる社会をつくりたい」と感じていたことがいまにつながっています。いまの日本は、高齢者や障がい者にとっては生きづらいですよね。それは健常者の視点しかないからです。普通に生きていて遭遇するライフイベントによって急に自分らしく生きられなくなるということに憤りを感じていました。男女多くがかかわる子育てもその１つです。それに対する理解不足や不安、固定観念のために、キャリアを諦めたり、または子どもを諦めたりする人があまりに多い。そしてそのことが解決されないまま放置されていることを非常にもったいないと思っていました。介護に関してもより変数は多いものの、同様に考えられます。まずは仕事と子育ての両立ができれば、仕事と介護の両立ができるはずです。私は、ロールモデル、選択肢、相談相手を持てればいずれも乗り越えていけると思っています。

——2010年に起業されてから現在に至るまで約10年経ちましたが、女性が社会に出て働くことに関し、変わったと思うもの、変わらないと思うものはなんでしょうか。

　変わった、と思うのは、学生さんが本音をいわなくなってきたということでしょうか。SNSの影響もあるせいか、誰かにみられているという感覚から、良いことしかいってはいけない、と評価を気にしすぎる子が増えてきた、と思います。自分で自分にレッテルを張ってしまい、こうあらねばならぬという思いから、外に助けを求められなくなってきたのではないでしょうか。教育のなかで、安心、安全という意識がなくてはなかなか心を開くのに時間がかかってしまいます。SNSにのまれてしまう子もいます。必要以上に友達とつながっているように感じ、いまやっていることに集中できず、誰かがやっているからやっていることが多く、本当に自分がやりたいことがわからず、自分迷子になってしまう

のです。

　変わっていない、と思うのは企業側の研修や評価制度でしょうか。そもそも10年前にはライフキャリア教育も働き方改革もなかったので、そうした意識も環境もありませんでした。働き方については、コロナ禍の後には変わってくるとは思いますが、まだまだ出社しなければいけないとか、長く働くことが大事だという感覚は残っています。プライベートと仕事が分断されているのでプライベートが仕事をマイナスにすると考えている人が多いですよね。人事評価制度もそこに沿っていて、たとえば、女性が1年育休で休むと男女の差が出ます。働き方と評価制度がすべて紐づいてしまっているのです。本来であれば男女ともに前倒しにキャリア育成、つまりライフイベントが起こる前に研修ができているべきです。ライフイベントがあるうえでの社員研修になっていないので、評価制度も変わっていないのです。まだまだ、大手の企業のなかで、女性社員が多い企業、取締役に女性がバランス良く入っている会社は少ないですよね。いても社外取締役か執行役員でとどまってしまうことが多く、経営の重要なボードのなかに女性が入っていないのは変わっていないところかと感じます。

——最後に、本書の読者に向けてメッセージをいただけますか？

　「軸をもって流される」という言葉をお贈りしたいと思います。単純に物事に流されるだけだと（自分がわからなくなって）漂流してしまいますね。一方、目標に縛られすぎると堅苦しくなってしまいます。お伝えしたいのは、いますぐではなくても3年後、5年後に自分はこうなりたいんだ、というなりたい姿をもって発信していると、いろいろな人が情報やチャンスをくれたりします。そういう時は導かれるように流されたらよいと思うのです。そして、いやだなと思ったらやめればよい。そうすると、いつの間にか気づいたら自分のやりたい方向性に向かっていきます。変化の激しいこういう時代のなか、自分の意思をもち続けるのはとてもむずかしいですが、誰かと少し話をしていくだけでもいいと

思うのです。そして、軸が少し変わってもいいから発信し続けるということを諦めないでほしい。そうすると、何かしら前向きな一歩が必ず見つかると思います。まずは、溢れる情報をシャットアウトして、誰かと話してみることが大事です。なかなか本当の自分を他者に見せるのはむずかしいですが、話ができる人をどれだけつくるかがとても大事です。若いうちにそういう仲間はたくさんつくっておくといいです。そして、自分迷子になっても、いつでも原点回帰できる居場所をつくっておきましょう。

——堀江さん、ありがとうございました。本書のなかで読者の皆さんにお伝えしたいことが、ぎゅっと凝縮されたインタビューになりました！

堀江敦子（ほりえ・あつこ）
スリール株式会社 代表取締役。学生時代から200名以上のベビーシッターを経験し、仕事と子育ての現実に触れる。25歳で学生のキャリア教育と子育て支援を行うスリールを起業。内閣府、厚生労働省、自治体等での委員を兼任。

コラム❷

シングルマザーの生活事情

　厚生労働省[26]によれば、母子世帯数（未婚、死別または離別の女親と、その未婚の20歳未満の子どものみからなる一般世帯）は、2010（平成22）年時点で75万5,972世帯です。父子世帯数（未婚、死別または離別の男親と、その未婚の20歳未満の子どものみからなる一般世帯）は、同年で8万8,689世帯ですので、母子家庭のほうが父子家庭よりも多くなっています。母子世帯になった理由としては、死別世帯が7.5％、生別世帯が92.5％になっており、離婚が圧倒的に多いことがわかります。

　就業の状況を見てみると、2011（平成23）年には、母子家庭の母は80.6％が就業していますが、常用雇用者が39.4％、臨時・パートが47.4％であり、半数以上は非正規雇用であることがわかります。一方、父子家庭の父は91.3％が就業しており、このうち常用雇用者が67.2％、事業主が15.6％、臨時・パートが8.0％であることから、非正規雇用が少ないことがわかります。離別の理由の多くは離婚が占め、離別をすると圧倒的に母親のほうが子どもを引き取っていること、子どもを一人で養っている父親に比べて母親は、非正規雇用で働く人が多いのです。

　そのことは収入面にも大きな影響を与えます。母子世帯の母自身の平均年間収入は223万円、一方児童のいる世帯の1世帯当たり平均所得金額673万円です。母子世帯の母自身の平均年間収入は、児童のいる世帯の1世帯当たり平均所得の3分の1程度なのです。第1章の本文では、男女の所得格差についてもお話をしましたが、正規雇用であっても女性の所得は男性に比べて少ないのが現状です。さらに、結婚・出産で一度離職をしてしまうと、正規雇用での再就職は容易ではありません。離婚は各家庭の問題ですので、そのような問題に直面するか否かはわか

りません。結婚・出産等で就業継続するか否かの判断の時には、離婚する可能性もゼロではないことを心に置き、自分一人でも自立して生きていくための姿勢は大切だと考えます。

　しかし、なかには裕福な男性と結婚すれば、十分な慰謝料や養育費がもらえて生活には困らないのではないかと思われる女性もいるかと思います。厚生労働省[27]では、養育費の受給状況についても調査をしていますが、現在、離婚した父親から養育費を受け取っている母子世帯は、わずか24.3％にとどまっており、養育費を受けたことがない世帯は半数以上に上ります。離婚後に、養育費を受け取れるケースは非常に少ないのです。加えて、養育費の平均月額は4万3,707円ですので、母子世帯の平均年間収入に足し合わせても、世帯収入は300万円に届きません。住宅を保有しているか否か、支援をしてくれる親族がいるかによっても事情は変わりますが、養育費がもらえても経済的に余裕のある生活ができる世帯は少ないことが想像できます。

　人それぞれ望む人生がありますので、離職して、専業主婦を選ぶことが間違っているとも思いません。しかし、女性のライフイベントにかかわる世の中の状況には日頃から関心をもち、勉強しておくことは、自分の人生を選ぶうえでは、大切なことだといえます。

第 2 章

女性がライフイベントで
知っておくべき
お金のこと

　前章では、女性がお金について知ることの大切さやライフイベントで女性の人生が大きく変化することなどについてお話ししました。ライフイベントが実際にいつ、どのように発生するかは予想できません。しかし、**ライフイベントごとに、お金にかかわる必要な情報を事前に理解しておけば、早いうちから準備しておくことができます。**

　本章では、キャリアの選択次第で変わる生涯賃金の金額をはじめとし、就職、結婚、出産、自己啓発、再就職、住宅の購入、病気や事故、老後や介護について、お金という軸で整理しながら、知っておくべき必要な国の制度等についてお話しします。

給与明細の見方

妊娠・出産
育児に関わる
制度

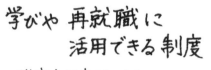

学びや 再就職 に
　　活用できる 制度

教育訓練給付金
　失業時の制度や再就職支援

住宅購入

いくら必要？
諸経費は？
ローンは？
〇〇年後は売りに出す？

病気やケガに備える
　　制度や保険

災害や事故に備える
　　保険など

老後に備える
　公的年金制度
　仕事と介護の両立を
　行うための制度…

キャリアの選択次第で変わる生涯賃金

　いわゆる日本型の終身雇用の働き方が減りつつあるなか、大卒後に大手企業に入社できても、一生安定して働けるという保証のある時代ではなくなっています。グローバル競争が激化し、新興国が台頭する昨今、日本企業を取り巻く競争環境は年々激化しています。過去10年程度を振り返ってみると、世界経済に占める日本のGDPの割合は2005年10％から2018年には5.7％まで減少しており、世界経済における日本の存在感が弱まっているのです[28]。そのような時代だからこそ、**自分の生活を守るために、生涯賃金を考えながらキャリアを築いていくことは非常に大切なことなのです。**

専業主婦の人生or働く人生、どちらが得か

　労働政策研究・研修機構[29]によれば、大学・大学院卒の**男女の正社員の生涯賃金は、男性で2億6,980万円、女性で2億1,590万円**です。橘玲氏[30]は、この事実に対して「専業主婦になる（働かない）という選択はこの賃金を『捨てる』ことですから、『専業主婦は2億円損をする』のです」と述べています。

　もちろん、お金のことを最優先にする人生が良いとは思いません。しかし、自分のキャリアを選択するときに、客観的なデータをふまえ、総合的に判断するプロセスは必要なことだと考えます。

　同調査によれば、高学歴になるに従って、男女ともに生涯賃金が上がっています。女性の生涯賃金を大学・大学院卒と比べると、高専・短大卒は1億7,630万円ですので、3,960万円の差が生じています。単純に差分だけを比べると、大学・大学院に進学したときの投資費用は、十分回収できる金額だといえます。

図表 2-1　**生涯賃金**（60歳まで、退職金を含めない、2016年）

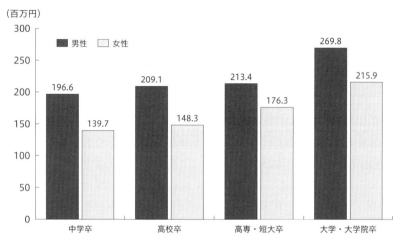

（出所）　労働政策研究・研修機構『ユースフル労働統計2018』

　大学・大学院卒の女性の生涯賃金は、高専・短大卒の男性の生涯賃金とほとんど変わりません。ですが、この結果だけをもって、女性が大学・大学院まで進学をしても、結局、男性よりも賃金面で報われないので、仕事はほどほどでいいと諦めるのは、大変もったいないことだと思います。

　なぜなら、男女の賃金格差が生じる背景には、さまざまな要因があるからです。厚生労働省[31]によれば、所定内給与額の男性の賃金を100とすると女性の賃金は73.3です。この格差にいちばん大きな影響を与えているのは、役職、続いて、勤続年数、労働時間、年齢、学歴です。つまり、女性に比べて男性のほうが、管理職比率が高く、勤め先の勤続年数が長いことや、長時間労働で働けることなどが賃金格差に影響を与えているのです。

　ここ数年は、政府が女性の活躍推進を大々的に掲げたことから、多くの企業が仕事と家庭の両立支援制度を整備し、女性の管理職登用も進めるようになりました。働く意欲のある若い女性にとっては、非常に良い時代へと変化していると感じます。管理職の女性の数が徐々に増えれば、管理職

になること自体は女性にとって特別なことではなくなります。**管理職になれば、給料や責任、裁量も増えますので、職場で頑張って昇進した女性には、また違った風景がみえる**はずです。

働くことで得られる経済的に豊かな生活と豊かな老後 ————————●

　現在の日本社会では、職業や雇用形態、結婚、出産等のライフイベントなど、キャリアの選択肢が多様化されています。生涯、未婚でいることを選択する女性も増えているなか、経済的な豊かさを得るうえでは、女性が自立した意識をもち、働くことはより重要だといえます。先に述べたとおり、大学・大学院卒の正社員の女性の生涯賃金は約２億1,590万円ですが、フルタイムの非正社員の女性では、１億６千万円まで下がります。もし、特段な事情もなく、安易な気持ちで離職と再就職を繰り返してしまうと、生涯賃金はさらに下がることが想像できます。

　しかし、結婚願望の高い女性のなかには、勉強や仕事を頑張ると、かえって結婚する機会を逃すのではないか、という疑問をもたれる方もいるかもしれません。日本総合研究所[32]が大卒以上の女性の学歴を偏差値ごとに４つのグループに分けて調査をしたところ、高学歴な女性ほど仕事をしているが、（収入面での）世帯主が男性である傾向はどのグループでも変わらないことが明らかになっています。同調査によれば、学歴区分で既婚率にほとんど差はなく、最も高学歴な女性のグループでは、総合職や管理職比率が高く、年収も相対的に高くなっています。一般的にパワーカップルという言い方もありますが、**バリバリ働いていても、そのことで結婚の機会や、バリバリ働いている男性との出会いが少なくなるということではない**のです。

　前述した２億円には、退職金が含まれていませんが、生涯賃金は、年金や退職金を含めて総合的に考える視点も大切です。たとえば、正規雇用で定年まで働き続けた女性は、（勤め先によっては）退職金が支給され、年金受給年齢からは正規雇用で働いてきた分の年金が支給されます。厚生年金

は所得によってかける金額で増えますので、収入が高ければその分受給額も増えます。**正規雇用等で働き続ければ、豊かな老後生活に近づくことができる**ということなのです。

　厚生労働省[33]によれば、平成31年度（67歳以下）の厚生年金（夫婦二人分の老齢基礎年金を含む標準的な年金額）は22万1,504円です。将来、夫が自分よりも先に死亡する、あるいは、夫と離婚をすることになった場合は、さらに少ない年金金額となります。十分な貯金があれば、問題はありませんが、働けなくなったときに頼る年金の金額を知っておくことも、将来のライフプランを現実視するためには重要なことです。

　ここまでは、女性が新卒から定年まで働いて退職金をもらうという働き方を前提にお話をしてきました。しかし、最近では、給与体系も年功序列型から成果報酬型に変わる企業も出てきており、同じ企業に勤めていても生涯賃金の見込額が変わる可能性もあります。今後、少子高齢化に伴い、年金の受給額が減るかもしれません。そのような**変化のなかで生き抜くためには、自分の市場価値を高め続ける努力が求められます**。詳しくは第5章でお話ししますが、最近では、副業・兼業という働き方も増えてきています。1つの会社や組織に閉じこもって仕事をするのではなく、**副業・兼業制度を積極的に活用して、自分の能力が市場でどれくらいの価値があるのか、試してみるのもよいでしょう**。副業・兼業のハードルが高ければ、地域活動への参加や、社外で研修等学べる機会を活用していくのも一案です。その時間は消費ではなく、人生の投資になるはずです。

社会人として知っておくべき給与明細の見方

　学校を卒業した後に初めて企業等に就職をして得られる給料はうれしく感じる一方で、案外手取り収入が少ないと感じる人も多いのではないでしょうか。ここでは、社会人として知っておくべき給与明細の見方についてお話しします。

　本書を読まれているみなさんのなかで、すでにお勤めになられている方は、この機会に自分の毎月の給与明細を見本として見てみてください。今回は、民間企業、正規雇用従業員として、厚生年金に加入する第2号被保険者のケースを想定してお話しします。

自分の給与明細を見てみよう

① **基本給**

　お給料の基本となる賃金です。

② **各種手当**

　役職についていると役職手当、残業をされている場合は残業手当などがついています。①と②は原則として給与所得として課税の対象となりますが、②については、一部非課税の手当（例：通勤手当）[34]があります。

③ **健康保険・厚生年金**

　毎年1回、4月～6月の基本給と諸手当（扶養手当、地域手当、通勤手当等）を合算した金額の平均を、標準報酬等級表に当てはめて、標準報酬月額が決まります。これに決められた料率を掛け合わせ、納付すべき金額が引かれています。会社と従業員が折半で負担を行います。

④　**介護保険料**

　40歳になった月（実際は40歳の誕生日の前日）から保険料の支払義務が発生しますので、加入している医療保険の算定方法と標準報酬月額によって、納付すべき金額が引かれています。会社と従業員が折半で負担を行います。

⑤　**所得税**

　所得税は国税であるため、国に納める税金です。①と②の課税対象となる所得をもとに算出し、毎月勤め先が源泉徴収し、翌月10日までに納付しています。ただし、毎月の納付では概算金額を支払っているため、12月に年末調整を行います。所得税はその年に納めている税金ですので、年末調整等が終われば、いったん完結します。

⑥　**住民税**

　住民税は地方税であるため、地方自治体に納める自治体です。住んでいる地域によって、金額が異なります。前年の所得をもとに、6月から翌年5月までの住民税が決定され、勤め先が代行して納付をしてくれます。

図表 2-2　給与明細書

	基本給	時間外手当	役職手当	福利厚生手当	家族手当	住宅手当	通勤手当
	①	②	②	②	②	②	
支給							
							総支給金額

	健康保険料	厚生年金保険	介護保険料	雇用保険料	所得税	住民税	控除額合計
控除	③	③	④	⑦	⑤	⑥	

	出勤日数	欠勤日数	有給日数	有給残		差引支給額	
勤怠							

（出所）　著者作成

⑦　雇用保険

　　雇用保険は、労働者が失業したときの失業給付金の給付や、能力開発に活用できる教育訓練給付金等のために使われています。賃金総額に雇用保険料率を掛け合わせ、納付すべき金額が引かれています[35]。雇用保険に関しては、個人よりも勤め先の方が多くの金額を負担しています。

自分の源泉徴収票を見てみよう

　　年末になると、勤め先から源泉徴収票が配布されます。給与明細に加えて、ぜひこの機会にご自分の源泉徴収票についても見てみてください。

①　支払金額

　　支払金額は、給与、手当（残業手当等）、ボーナス（賞与）を含めた額面の給料が記載されています。通勤手当などの非課税扱いとすべき手当は、支払金額のなかには含まれていません。

②　給与所得控除後の金額

　　年末調整では「給与所得控除」という控除があります。これは「従業員にも必要経費がある」という考えで、一定額を経費として年収から差し引き、支払うべき税金を安くするという制度です。給与所得控除[36]は支払金額に応じて金額が変わります。支払金額から、給与所得控除を差し引くと、給与所得控除後の金額が算出できます。

③　所得控除の額の合計額

　　所得控除の額の合計額には、給与所得控除以外の控除が含まれます。

　　1つ目は、給与から引かれていた健康保険料や厚生年金保険料、雇用保険料等の年間合計額です。

　　2つ目は、配偶者控除や基礎控除、医療費控除、生命保険料控除、地震保険料控除等です。年末調整や確定申告で手続を行うことで、一定の金額までは、所得控除に加算することができます。

④　源泉徴収税額

　②「給与所得控除後の金額」から③「所得控除の額の合計額」を差し引く
と、課税対象となる金額が算出されます。この金額に決められた税率を掛け
たものが、④源泉徴収税額です。すでに税金を多く支払っていた場合は、年
末調整の際に、還付金ということで戻り、少なく支払っていた場合は、追加
で納付すべき金額が天引きで引かれることもあります。

▌ 図表 2-3　**源泉徴収票**

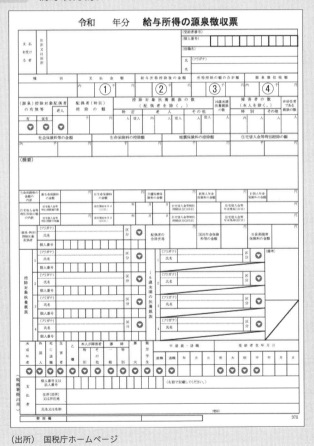

（出所）　国税庁ホームページ

会社勤めで毎月銀行に給与が振り込まれる生活をしている方の多くは、税金がすでに天引きをされてしまっているので、意識をすることは少ないかもしれません。しかし、**何がいくら天引きされているのか、天引きされている税金は国にどのように使われているのか、といったことに目を向けることは、国民の一人としてより良い社会づくりに参画していくために大切なことではないでしょうか。**

妊娠・出産・子育てに関する制度

女性活躍推進に向けた施策を行う企業が増え、女性の育児休業取得率は2018年時点でいまや約8割[37]に上ります。しかし、働く女性のなかには、今後、自分が妊娠・出産・子育てをするときに、仕事と家庭の両立のための制度や、お金の問題が気になる人も多いのではないかと思います。ここでは、妊娠・出産・子育てに関する制度[38]についてお話しします。

以下にあげたのは厚生労働省が定める制度（執筆時点）ですが、政策の動向次第で制度内容が変わる可能性もあります。自治体によっては、不妊治療への補助金やシングルマザーへの支援、里帰り出産の支援など、独自の給付制度を設けているところもありますので、お住まいの自治体の制度含め、最新の情報をぜひご確認されるとよいでしょう。

妊娠・出産に関して知っておきたい制度のこと

まず妊娠がわかったら休業の予定や、出産予定日を会社に報告し、仕事を続けたいという希望は明確に伝えることが大切です。妊娠中は時間外労働の制限、深夜業の制限などを請求することができます。また、出産前に

なると、本人が請求をした場合、出産予定日の 6 週間前（双子の場合は14週間前）から、産前休業を取得することができます。出産後は、出産の翌日から 8 週間、就業をすることができず、産後休業を取得しなければなりません。ただし、産後 6 週間を過ぎた後、本人が請求をし、医師が認めた場合は就業をすることができます。

●出産手当金

　会社の健康保険や公務員等の共済組合に加入する女性が、出産で産前産後休業を取得し、その間に給与の支払いを受けなかった場合は、出産手当金が支給されます。出産の日（実際の出産が予定日後のときは出産予定日）以前42日（多胎妊娠の場合98日）から出産の翌日以後56日目までの範囲内で、会社を休んだ期間を対象として加入している健康保険から出産手当金が支給されます。出産日は出産の日以前の期間に含まれ、出産が予定日より遅れた場合、その遅れた期間についても出産手当金が支給されます。

《出産手当金の額》[39]

　1 日当たりの金額は下記のとおり決められています。

【支給開始日の以前12カ月間の各標準報酬月額を平均した額】÷30日×（2/3）

※支給開始日とは、出産手当金が支給された初日

●出産育児一時金

　健康保険や国民健康保険などに加入している女性は、出産に要する経済的負担を軽減するため、出産育児一時金（42万円、在胎週数が22週に達していないなど、産科医療補償制度加算対象出産ではない場合は、39万円）が支給されます。

子育て（育児休業）について知っておきたい制度のこと ————●

　産後休業が終了して、本人が希望をした場合は、育児休業を取得することができます。夫婦ともに、子どもが 1 歳になるまで育児休業を取得でき

る権利は、法律で認められています。

　有期契約労働者の場合でも申し出時点において、①同一の事業主に引き続き１年以上雇用されている、②子どもの１歳の誕生日以降も引き続き雇用されることが見込まれる、③労働契約の期間が満了し、子どもの２歳の誕生日の前々日までに契約が更新されないことが明らかでない、という要件が満たされる場合は育児休業の取得が可能です。

　一方、日々雇用される方や、①雇用された期間が１年未満、②１年以内に雇用関係が終了する、③週の所定労働日数が２日以下、という要件に該当する場合は、育児休業を取得することができません（対象外とする労使協定がある場合に限る）。そのため、新入社員や転職して１年以内に勤め先で育児休業をとりたいと考えながら働いている女性は、あらかじめ勤め先の制度を確認することが必要です。

● パパ・ママ育休プラス

　夫婦ともに育児休業を取得する場合は、休業可能期間が１歳２カ月（２カ月分は夫あるいは妻のプラス分）に延長されるパパ・ママ育休プラスという制度があります。たとえば、妻が育児休業から職場復帰をするタイミングの前後で夫に育児休業を取得してもらい、保育園の送り迎えや家事を夫にやってもらうという使い方をすると、妻の職場復帰に向けた負担を減らすことができます。

　加えて、妻の出産後の８週間以内に、夫が育児休業を取得した場合には、特別な事情がなくても、再度の取得が可能になっています。パパ・ママ育休プラスと一緒に活用し、妻の産休中と、職場復帰の前後に休業するという使い方も一案です。

● 育児休業給付金

　休業中は、男女ともに雇用保険から給付金を受け取ることができます。給付額の詳細は下記のとおりですが、67％という数値に関しては、出産直後１カ月など限定された期間に限り、80％程度に引き上げることなどが、政府でも議論が行われているため、今後変わる可能性があります。給付額

には上限があり、育児休業期間中に賃金が支払われていると減額される場合がありますが、育児休業期間中は、健康保険と社会保険料の支払いは免除されます。おおよそ基本給（賞与は含まない点は注意）をベースに料率を掛け合わせた金額をイメージされるとよいでしょう。

《給付額》[40]

育児休業給付の1支給単位期間ごとの給付額は、下記のとおり定められています。

①育児休業取得の最初の6カ月間

休業開始時賃金日額×支給日数×67%

②育児休業取得の6カ月経過後

休業開始時賃金日額×支給日数×50%

休業開始時賃金日額は、育児休業開始前6カ月間の総支給額（保険料等が控除される前の額。賞与は除きます）を180で除した額。

子育て（復職後）について知っておきたい制度のこと

　会社は、3歳未満の子どもを育てる従業員に対して、短時間勤務制度を設けなければならないため、育児休業後は短時間勤務を選択して働くことができます。請求をすれば、所定外労働の制限も可能です。このほか、小学校就学前までの子どもを養育する間は、請求すれば、月24時間、年150時間を超える時間外労働、深夜業（午後10時から午前5時まで）を制限することが可能です。

　休暇の制度としては、小学校就学前の子どもを養育する場合に年5日（2人以上であれば年10日）を限度として、看護休暇を取得（1日あるいは半日単位）することができます。看護休暇を利用することで、子どもが突然病気にかかっても、自身の有給休暇が足りなくなる心配を減らすことができます。

都市部を中心に、保育園等預入先の問題はありますが、妊娠・出産・子育てに関する制度そのものは、日本の制度は諸外国に比べて劣るものではありません。**将来、仕事と家庭の両立を考えている女性や、仕事と家庭の両立ができるか迷っている女性にとっては、法律や制度の内容を理解しておくことが、将来のキャリア形成やお金の計画を立てるために、大切なことだといえます。**

学びに活用できる国の給付金

　厚生労働省の平成30年度の調査[41]によれば、企業のOFF-JT費用の労働者一人当たりの平均額はわずか1.4万円で、前年より減っています。自己啓発の実施率は、男女別では、男性（42.9％）より女性（26.4％）のほうが低く、特に女性は、社会に出てから教育を受ける機会が非常に少ない傾向がみられます。外部環境が大きく変化する昨今、主体的に学び続けることは、転職をするかしないかは問わず、キャリアアップのためには大切なことです。ここでは、学びに活用できる国の給付金について取り上げます。

教育訓練給付金の存在を知っておこう

　前述した給与明細のところで、みなさんが支払っている雇用保険について少しお話をしましたが、雇用保険は、労働者が失業したときの失業給付金や、能力開発に活用できる教育訓練給付金等のために使われています。たとえ勤め先に十分な研修制度が整備されていなくても、雇用保険制度を活用して、教育を受けることが可能なのです。

教育訓練給付金には、一般教育訓練給付金と専門実践教育訓練給付金、特定一般教育訓練給付金（2019年10月1日に新設）、教育訓練支援給付金（2022年3月31日までの時限措置）があり、一定の条件を満たせば活用することができます[42]。

● 一般教育訓練給付金

　一般教育訓練給付金では、教育訓練施設に支払った教育訓練経費の20％に相当する額（ただし、その額が10万円を超える場合は10万円とし、4,000円を超えない場合は支給されません）が支給されます。

● 専門実践教育訓練給付金

　専門実践教育訓練給付金では、教育訓練施設に支払った教育訓練経費の50％（資格取得等をし、かつ修了した翌日から1年以内に被保険者として雇用された場合は70％）に相当する額（ただし、その額が1年間で40万円を超える場合の支給額は40万円とし、4,000円を超えない場合は支給されません。また、訓練期間は最大で3年間となるため、最大で120万円が上限です）が支給されます。

● 特定一般教育訓練給付金

　特定一般教育訓練給付金では、教育訓練施設に支払った教育訓練経費の40％に相当する額が支給されます（ただし、その額が20万円を超える場合は20万円とし、4,000円を超えない場合は支給されません）。

どんな講座で使えるか調べてみよう、教育訓練給付金

　どのような講座が対象になるか詳しく知りたいときは、厚生労働大臣指定教育訓練講座検索システム[43]で調べることができます。一般教育訓練給付金には、簿記検定や英会話等、専門実践教育訓練給付金には、専門職大学院等、特定一般教育訓練給付金には、税理士等の資格取得を目標とする過程などを含む約150講座が対象となっています。

　支給要件や支給期間、必要な申請手続内容の詳細は、ハローワークインターネットサービス[44]で調べることができます。実際、手続を行う際には、受講開始前の手続が必要とされていますので、給付金を活用して、講

座の受講を検討されている方は、あらかじめスケジュールに余裕をもつことを心がけてください。

　人生100年時代といわれていますが、健康で働ける時間が長くなれば、1つの会社、1つの仕事に一生携わるという女性は少なくなると思います。**学びは自分の将来への投資です。日頃から何かを学ぶ習慣をつけておくことは、長い目でみれば、膨大な知恵や知識の貯金になります。**働いている人は、現在携わっている仕事内容とは直接つながらなくても、自分が興味をもてることを学ぶことは、どこかのタイミングで人生を変えるきっかけにつながるかもしれません。

自治体等の再就職支援を利用する

　国立社会保障・人口問題研究所[45]によれば、育児休業制度を利用して就業を継続している女性は増えているものの、第一子出産を機に離職する女性の割合は46.9%に上ります。保育園の待機児童問題に加え、子どもがいないときには、家事分担がうまくできていた夫婦でも、子どもが生まれた後は、家事・育児の負担が女性側に偏り、仕事と家庭の両立が困難で離職をしてしまうことなどが理由としてあげられます。ここでは、離職をしてしまった女性の失業給付、再就職についてお話しします。

失業に関して知っておくべき制度のこと

　会社員の女性が離職をした後、働く意思と能力をもって、求職活動を行っているにもかかわらず、就職できない場合に雇用保険の失業給付（基本手当）[46]が支給されます。ただし、失業給付（基本手当）を受給するため

には、離職前の 2 年間に被保険者期間が12カ月以上（倒産・解雇等の理由により離職された場合は離職前の 1 年間に被保険者期間が 6 カ月以上でも受給資格を取得します）必要になります（被保険者であった期間のうち、賃金の支払いの基礎となった日数が11日以上ある月を被保険者期間 1 カ月として計算します）。

　失業給付（基本手当）の支給を受けることができる日数（所定給付日数）は、受給資格にかかる離職の日の年齢、雇用保険の被保険者であった期間（算定基礎期間）や離職理由等によって決定されます。倒産や解雇の場合は、一般の離職者に比べると、制度が手厚くなっています。

　雇用保険の失業等の給付の就職促進給付のうち、就業促進手当として、再就職手当や就業促進定着手当、就業手当があります。再就職手当は早期に就職するほど、金額が上がる仕組みになっており、再就職をしたい人の意欲向上につなげようとしています[47]。

再就職の準備に利用できる公的サービス等

　求職者に対しては、ハロートレーニングという求職者支援訓練と離職者訓練の 2 つの職業訓練があります。求職者支援訓練は、主に雇用保険を受給できない被保険者（受給が終わった人含む）を対象に、就職に必要な職業スキルや知識を習得するための職業訓練を無料（テキスト代等は自己負担）で実施しています。基礎コースと実践コースという 2 つのコースが設けられ、実践コースのほうが少し期間も長くなっています。離職者訓練は、主に雇用保険を受給している求職者を対象に、就職するために就職に必要な職業スキルや知識を習得するための訓練で、無料（テキスト代等は自己負担）で実施しています。このような職業訓練を利用して、再就職に向けて準備を行うことが可能になっています。

　実際に再就職をしようとするとき、民間の人材派遣会社を利用する人も多いですが、最近では、キャリア関連の情報等が集約された便利な施設もあります。たとえば、東京都は、都内での雇用・就業を支援するために、

仕事に関するワンストップサービスを提供する「東京しごとセンター」[48]を設置しています。建物内では、再就職をしたい女性向け、中高年向け、若者向けなど、属性ごとに仕事に関する情報を集めることができ、キャリアカウンセリングやセミナー情報なども提供されています。

このような施設のサービスやそこで紹介されているセミナー等の内容も、場所によってさまざまです。再就職したい女性向けのセミナーのなかには、面接のためのスーツの貸出しや、メイクレッスン、子どもの預け入れなどをしてくれるケースもあると聞きます。

職業を検索するための公的サービスとしては、ハローワークインターネットサービスがあげられます。再就職活動をきっかけに、職業情報を調べることで、いままで知らなかった職業を知り、関心をもてれば、自分の可能性を広げるきっかけにもなります。さらに、この機会に、自分のキャリアのあり方を考え直したいと考えるのであれば、キャリアカウンセリングの活用や、自分の適性や関心等を把握するために利用できるツールの利用も一案です。たとえば、能力や興味、価値観などを評価し、適職を探す機能がある労働政策研究・研修機構の「キャリア・インサイト」[49]や、就職活動などの応募書類としても活用ができる厚生労働省の「ジョブ・カード」[50]などのツールもあります。役立つツールがいろいろとありますので、再就職活動をされる前には、自分に合ったツールを調べ、活用されるとよいでしょう。

働き方改革といわれていても、再雇用制度を設けている企業や、テレワーク等多様な働き方ができる企業は少ないのが現状です。出産後に離職をした女性が、あらためて再就職をしたいと思っても、仕事内容や働く時間について希望通りの仕事が見つからない、といった理由で、再就職活動を諦める女性も少なくありません。しかし、厚生労働省編職業分類によれば、職業の数は約1万7,000[51]にのぼるといわれています。**再就職をきっかけに、柔軟に職業を選ぶ目線をもてれば、新たなチャンスを得られる**のではないでしょうか。

自分の住まいを購入する

　みなさんは、自分の住まいを考えるうえで、一生賃貸住宅に住み続けることと、自分の住宅を購入することのどちらを選びますか。女性の社会進出に伴い、女性自身が仕事をしながら、自分の稼いだお金で住宅を購入することも、現代社会では夢ではなくなりました。

　決して安い買い物ではありませんが、毎月の家賃を払うよりは、住宅を購入したほうが長い目でみると経済的に余裕がもてる、老後は賃貸住宅が借りづらくなるから精神的な安定を得たいなどの理由から、住宅を購入する女性は少なくありません。ここでは、自分の住まいを購入するために必要な情報についてお話しします。

不動産購入のために収集すべき必要な情報とは

　住宅を購入したいと思ったら、まずは、不動産会社のホームページや店舗等で情報収集をしなければなりません。経済環境等さまざまな要因によって、住宅価格は大きく変動しますが、売り出されている物件のなかには、個人の事情（例：相続等）で、早めに手放したいというご事情の物件に偶然遭遇する場合もあります。

　不動産会社等のホームページで物件情報をみると、物件ごとに、売主が仲介を依頼する不動産会社と結ぶ媒介契約の形式が書かれていることに気づきます。この形式には、「専属専任媒介契約」「専任媒介契約」「一般媒介契約」の3つの形式があります。「専属専任媒介契約」と「専任媒介契約」は、契約できる不動産会社が1社のみに限定をされていて、「一般媒介契約」では複数社との契約が可能になっています。それらの契約形態には、売主側にメリット、デメリットがありますので、売主側が希望する契

約を選んでいます。

　加えて、不動産については、誰でも法務局の窓口やオンラインによって登記簿謄本の入手（有料）ができ、現在の所有者や過去の売買記録などを確認することができます。最近では、地震のほか気候変動リスクなどにも目を向け、水災害リスクや、地盤の固さなどを調べることも大切です。仮に、購入したい不動産が中古マンションの場合には、建物の耐震基準のほか、管理組合の規約の内容（例：楽器の使用の可否、専有部分の使用用途等）や理事会の運営状況、修繕積立金等の金額などの資料を確認することも必要です。マンションは、長く快適に住み続けるために、約十数年に１回の頻度で、大規模修繕を行わなければなりません。そのため、修繕積立金が少ないマンションの場合は、大規模修繕を行うための資金が不足してしまうリスクがあります。月々の修繕積立金が安いと、固定費が安くて良いイメージがありますが、それは結果として、マンション全体の修繕積立金が貯まりにくいということでもあるのです。住宅という高い買い物をする以上、情報収集をきちんとしておくことは無駄ではありません。

不動産購入のためにはいくら必要か

　住宅を購入するためには何よりも予算が重要になります。住宅を購入するときは、チラシ等に表示されている物件価格に諸費用を足し合わせた金額が必要になることに注意が必要です。諸費用を含めたすべての費用をまかなえるローンもありますが、今後の生活設計を考えると、無理のない資金計画を前提に進めたほうがよいと考えます（投資目的で購入し、売却したときに利益が得られることもありますが、本節は、長く住むための住宅購入を前提とします）。

　住宅を購入する費用は、概算で物件価格の約６〜８％程度となります[52]。売買契約を締結したときには、売買契約書に印紙税を貼付するほか、売買金額の10％程度を手付金として、売主に支払います。民法の規定では、契約の履行に着手するまでに、買主はこの手付金を放棄することで契約を解

約でき、売主は手付金の２倍の金額を買主に支払うことで、契約を解除することができます。不動産会社に対しては、仲介手数料を支払うことになりますが、仲介手数料の上限は、宅地建物取引業法で定められています。仲介手数料を支払うタイミングは、売買契約時に半額、引渡時に残りの半額を払うのが一般的です。

　住宅を購入される方の多くは、残りの代金を支払うために住宅ローンを活用することになります。住宅ローンを借りるときには諸費用がかかります。主に、融資手数料（住宅ローンを借りた金融機関に対して支払う手数料）、ローン保証料（保証会社に保証人となってもらうための費用）、斡旋手数料（不動産会社などに住宅ローン手続を代行してもらったときに支払う手数料）、火災保険料、地震保険料、団体信用生命保険料、住宅ローンの契約時に貼付する印紙税などがあげられます。

　最後に、住宅ローンで資金の準備ができた後には、売買金額から手付金等を差し引いた金額、固定資産税等清算金、登記費用（登録免許税や司法書士への報酬）、管理費等清算金（マンションの場合）、仲介手数料の残額の支払いが必要となります。配偶者とお互いのお金を出し合って共同で購入したときは、費用分担等に応じて登記を行うことで、権利関係を明確にすることができます。物件を購入した後は、不動産取得税（土地や建物を取得した際に課税）、引っ越し費用等なども必要となりますので、購入後のイメージまでもって資金計画を立てなければなりません。

住宅ローンの種類と特徴を理解しよう

　住宅ローンについては、金融機関によってサービス内容は異なりますが、大きくは、変動金利型ローン、固定金利型ローン、固定金利選択型の３つになります。現在のように低金利の国内においては、固定金利に比べて変動金利のほうが低い金利となりますが、金利上昇局面が生じた場合は、金利の支払いが増える可能性があります。

　支払方法については、元利均等返済と、元金均等返済の違いを知ってお

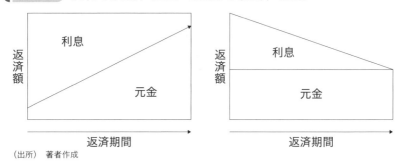

図表 2-4　元利均等返済（左図）と元金均等返済（右図）

（左図）
返済額 ↑　　返済期間 →
利息
元金

（右図）
返済額 ↑　　返済期間 →
利息
元金

（出所）　著者作成

くことが大変重要です。元利均等返済の場合は、月々の返済額は同じ金額
であるため、一見負担は少ないように感じます。しかし、当初の返済金に
占める元金は少なく、利息が多くを占めているため、元金が減るのに時間
がかかります。一方、元金均等返済の場合は、月々の元金の返済額が同じ
のため、当初の返済額は多くなりますが、返済が進むにつれて元金が減る
ため、月々の返済額も少なくなります。総額で比較をすると、元金均等返
済の方が、元利均等返済よりも少なくなるのです。

　インターネットで調べると、無料で住宅ローンのシミュレーションサイ
トを提供している金融機関が複数あります。借り入れたい金額と利率を入
力し、元金均等返済と元利均等返済の概算を調べ、差分を比較してみると
よいでしょう。

　早めに返済をしてしまいたければ、無料で繰上返済ができる住宅ローン
を選び、月々は元金均等返済で返済し、余裕のあるときはつど繰上返済を
すると、元金を早く減らせるので総額の支払いはさらに少なくなります。
一方、子育てなどで、資金の余裕がない場合は、元利均等返済で少しずつ
返すという選択もあります。一定の条件を満たせば、住宅ローン減税の対
象にもなります。メリット、デメリットをふまえ、検討されることが大切
です。

不動産購入後に必要な費用とメンテナンスにも注意を ─────●

　不動産を購入して住み続けていると、毎年固定資産税・都市計画税の支払いも生じます。マンションであれば、管理費、修繕積立金の支払いのほか、個人として、火災保険や個人賠償責任保険への加入を検討する必要も生じます。所有者になると、管理組合をきちんと運営していくために、理事会の参加を求められることもあります。働いている女性にとって、マンションの理事会に参加をすることは大変めんどうなことかもしれません。しかし、マンションの住民と協力し合いながら、管理会社との交渉や、管理費等未払い者への対応など、マンションの維持・管理に日頃から携わることは、自分が購入した大切な住まいを守るだけではなく、困ったことがあったときに、住民同士の協力関係づくりにもつながります。

　多くの方にとって、住宅の購入にかかる金額は、生涯賃金のなかで大きな割合を占めています。そのため、住宅購入にかかる費用や手続、税金、購入後のメンテナンスにかかる費用等、全体を理解することで、現実に沿った資金計画を立てることができます。

　賃貸が得か、持ち家が得か、ということに関しては、今回は触れませんが、**女性が自立した生活をしていくうえで、無理のない範囲で自分の住まいを確保していくことは、安定かつ自立した生活を送るためには、大切なこと**ではないでしょうか。

病気やけがに備える

　人生を生きている以上、誰もがいつ、病気やけがにあうことがまったくないとはいえません。病気や事故にあったときに備え、必要な知識を学び、保険等をかけておくことは誰にでもできることです。本節では、病気や事故に備えて必要な知識についてお話しします。

病気やけがで会社を休むときに知っておくべき制度のこと ──●

　病気やけがで、長期間にわたり休暇をとることになると、医療費や生活費が心配になります。会社員等である第2号被保険者の女性の場合は、病気やけがで長期間休んだときに、健康保険給付として、傷病手当金[53]が支給されます。

　傷病手当金を受給できる条件は、①業務外の事由による病気やけがの療養であること、②仕事に就けない状態であること、③連続する3日間を含み4日以上働けなかったこと、④休業した期間について給与の支払いがないこと（ただし、給与の支払いがあっても、傷病手当金の額よりも少ない場合はその差額が支給される）です。

　傷病手当金が支給される期間は、支給開始した日から最長1年6カ月です。その期間に一時的に出勤をして、給与支払いがあった期間も、その後、同じ病気やけがにより仕事に就けなくなった場合は、1年6カ月に参入されます。1日当たりに支給される金額は、（支給開始日以前の継続した12カ月間の各月の標準報酬月額を平均した額）÷30×（2/3）となります。1年6カ月であれば、無収入にならずに、療養に専念することができることがわかります。

病気やけがのための医療保険の種類

　病気やけが等で医療機関にかかる際には、国民皆保険制度が提供されますが、治療の費用等が高額になる場合は経済的な負担が大きくなる可能性があります。子育て等で家計を担っている女性、長期間休業とまではいかなくても急に病気になったときにかかるお金の不安をもっている女性は、医療保険についても知っておいて損はないと思います。

　世の中には、保険商品がたくさんありすぎて、違いがわかりづらい方も多いと思います。保険の種類は、大きく第一分野から第三分野の 3 つに分類されています。第一分野は、終身保険や定期保険など生命保険会社が取り扱っている生命保険、第二分野は、火災保険や自動車保険など損害保険会社が取り扱っている損害保険、第三分野は、生命保険会社と損害保険会社の双方が取り扱っている医療保険やがん保険、介護保険などの保険です。

　本節では、病気やけがに備えるという点で、民間の保険会社が提供している医療保険について取り上げます。医療保険は、病気やけがで入院、あるいは所定の手続を受けたときに給付金を受け取れる保険です。保険金・給付金の種類としては、主に「災害入院給付金」「疾病入院給付金」「手術給付金」「死亡保険金」の 4 つがあげられます。

　保険期間のタイプには、「定期型（年満期・歳満期）」と「終身型」があります。「定期型（歳満期）」の場合は、契約当初に定めた年齢までを保険期間とし、その間の掛け金は一定です。「定期型（年満期・更新）」の場合は、一定の年数を保険期間として、保険会社の定める年齢まで健康状態に関係なく更新できますが、更新時には保険料が高くなるケースが多くなっています。保険料払込期間は、一般的に保険期間と同一です。一方、「終身」の場合は、一生涯にわたって保障されますが、一定期間または一定年齢まで払い込む「有期払」と、一生涯払い続ける「終身払」があります。どのタイプを選択するかは、ご自身の希望次第です。

医療保険の加入は本当に必要？

　日本では、高額療養費制度[54]が整備されていますので、医療保険に加入していなくても、健康保険が利用できれば、驚くほど高額な医療費用を請求されることはありません。医療機関や薬局の窓口で支払う医療費が1カ月（暦月：1日から末日まで）の上限額を超えた場合、その超えた額を高額療養費として請求することができます。

　たとえば、下記は、年収370万〜770万円くらいの女性が医療費100万円かかった場合のケースですが、87,430円を超えた分は高額療養費として請求ができます。

> （例）年収370万〜770万円くらいの女性（69歳以下）、医療費100万円、ひと月の上限額（世帯ごと）
>
> 8万100円＋（医療費100万円−26万7,000円）×1％＝8万7,430円

　一方、民間の医療保険では、たとえば病気で入院をして手術を受けたときには、主に「入院給付金」や「手術給付金」が保険金として支払われます[55]。医療保険の入院給付金では、入院日額5,000円など入院1日ごとに受け取れる給付金額が決まっているものや入院一時金が受け取れるものなどがあります。手術給付金においては、手術の種類によって、入院給付金の10倍、20倍などの給付金が支払われます。高額療養費が請求できても一定の医療費は自己負担です。さらに、入院時の食事負担や差額ベッド代等は高額療養費の対象になりませんので、十分な貯蓄がない人は（貯蓄が苦手な人含め）、医療保険への加入を検討されるとよいと思います。

　加えて、先進医療にかかる費用は治療を受けた人が全額負担をしなければならず、高額な費用を負担しなくてはならない可能性があります。先進医療特約を追加できる医療保険もありますので、十分な貯蓄がある人においても、必要に応じて検討されるとよいと思います。医療保険は、あくま

でも手術や入院のために給付金が受け取れる保険です。第 2 号被保険者であれば、前述した健康保険の傷病手当金という制度がありますが、フリーランスなど国民健康保険の第 1 号被保険者には、そのような制度はありません。所得の減少に備えたい場合は、収入減を補う所得補償保険を検討されるのも一案です。

　また、医療保険の保険料を支払った場合は、所得控除（生命保険料控除）56 の対象となり、確定申告や年末調整を通じて控除を受けられます。医療費についてもその年の 1 月 1 日から12月31日までの間に自己または自己と生計を一にする配偶者やその他の親族のために医療費を支払った場合において、その支払った医療費が一定額を超えるときは、その医療費の額を基に計算される金額の所得控除を受けることができます。もし、病気やけがで保険会社から支払われた保険金があれば、それは金額にかかわらず非課税になります。ただし、医療費控除を受ける場合は、病院に支払った医療費から、保険金で補填された金額を差し引く必要がある点には注意が必要です。

　自立した生活を営んでいくうえで、病気やけがに備えることは大切なことです。学んだ知識をもとに、現在の貯金額や月々必要な生活費等を勘案し、保険の加入等の有無を判断されるとよいと思います。月々の保険料は少額にみえるかもしれませんが、生涯の支払総額となると、決して少ない金額とはいえません。**仮に保険商品に加入される場合は、保障内容等をきちんと理解し、年齢や家族構成等をふまえて、自分にとって必要な保障を検討のうえ、契約されることが重要**だといえます。

災害や事故に備える

近年は、気候変動に伴う災害が多く発生し、身近な問題として感じる方も多いのではないでしょうか。今後も世界の平均気温が上昇すれば、自然災害リスクが高まることが想像されます。災害で持ち家が壊れた場合、公的な支援としては、被災者生活再建支援制度[57]があり、災害により住宅が全壊するなど、生活基盤に著しい被害を受けた世帯に対して支援金が支給されます。しかし、支給される金額は最大でも300万円です。災害が発生した際に、生活を再建するために必要な金額を想定し、保険や共済への加入、貯蓄などでまかなうことが必要です。本節では、天災への備えとして住まいを守るための火災保険を中心にお話しします。

保険の基本用語と保障範囲等を知っておく

災害からのリスクに備える保険としては、火災保険[58]があげられますが、火災による被害だけではなく、住まいにかかわるさまざまなリスクを保障する保険です。保険をつける場合は、対象となる物を「保険の目的」といいますが、主に「建物」と「家財」双方を対象としてつける必要があります。さらに、保険契約の際には、「保険金額」と「保険価額」という言葉が出てきます。「保険金額」は、保険契約において設定する契約金額のことで、事故が発生した場合に保険会社が支払う保険金の限度額となります。「保険価額」は、同等のものを新たに建築あるいは購入するのに必要な金額から、「使用による消耗分」を控除して算出した金額となります。十分な補償を受けるためには、適正に算定された「保険価額」に相応する「保険金額」を設定する必要があります。

また、「保険金額」を設定する場合には、時価をもとにする方法と、再

調達価額（新価額）をもとにする方法があります。再調達価額（新価額）とは、同等の物を新たに建築あるいは購入するのに必要な金額のことを指します。時価をもとに設定する場合、建物の価値が再調達価額よりも下がるので、同じ建物を新築することはできません。保険金で建て直し費用をまかないたい場合は、再調達価額をもとに契約することが必要です。

　基本的には、火災保険は、水災や給排水設備の事故等による水漏れ、盗難まで住宅を取り巻くさまざまなリスクを総合的に補償するタイプ（住宅総合保険）と、基本的リスクだけを補償するタイプ（住宅火災保険）に分かれます。最近では、自由化により保険会社が独自の商品を提供していますので、補償内容をきちんと確認のうえ、選択されることが重要です。

　加えて、地震保険については、火災保険とセットにしなければなりません。一般的な火災保険では、地震、津波、火山の噴火による被害は補償されません。地震保険の保険金額は、建物と家財ごとに、火災保険の保険金額の30～50％の範囲内で定めます。ただし、同一の建物や家財について加入された他の地震保険契約と合算して、建物は5,000万円、家財は1,000万円が限度です。保険料は、建物の構造や建築年、地域によって異なります。地震発生リスクが高いエリアで、古い建物を対象とすると、その分、保険料が高くなります。

　税金面では、特定の損害保険契約等に係る地震等損害部分の保険料を支払った場合、確定申告、あるいは年末調整の際に、一定の金額の所得控除（地震保険料控除）を受けることができます。

今後は水災、地震、人災リスクにも注意

　内閣府の試算[59]によれば、火災保険（82％）に比べて、水災（66％）や地震補償（49％）の加入割合は多くありません。保険は、軽微な事故等で発生した損害に対して細々と請求をするために加入するものではなく、想定外の甚大な災害への備えを行うためのものです。補償を増やせば、支払保険料は増えるのは当然ですが、ハザードマップなどご自身の住まいのリ

スクをふまえて、必要な補償をつけられることを推奨します。

　マンション住まいの場合は、専有部分は所有者個人で保険加入すること
になりますが、共有部分については、管理組合などが火災保険に加入をし
ているか、水災や地震などに関する補償が含まれているか、総会の資料等
で十分に確認することが必要です。共有部分のことは、他人任せになりが
ちですが、甚大な災害が発生した場合、共有部分の修繕等にかかった費用
は、管理組合の修繕積立金から引かれますので、間接的な自己負担です
（修繕積立金が足りない場合は、所有者から一時金の拠出等で対応しなければな
りません）。十分な補償がついていない場合は、保険契約更新のタイミン
グで、管理組合が中心となって、複数の保険会社に対して、基本条件（保
険金額や免責金額等）を一律にあわせた比較可能な見積書を取り寄せ、検
討をすることが必要です。

　ここまで災害への備えを中心に述べてきましたが、天災にとどまらず、
最近では人災も他人事ではなくなりました。約10年前、11歳の小学生によ
る自転車事故でその母親が9,500万円の損賠賠償請求を受けたニュースを
耳にされた方もおられるのではないでしょうか。普通に日常生活をしてい
ても、突然起きた事故がきっかけに高額な損害賠償請求をされるリスクが
あるのです。火災保険等の保険商品によっては、特約として、個人賠償責
任保険に加入することができます。個人賠償責任保険は、他人の物を壊し
てしまったときや、他人にけがをさせてしまったときなどにおいて、法律
上の損害賠償責任を負担する場合に保険金が支払われます。

　著者が本書を執筆している現在、新型コロナウイルスの感染が広がって
いますが、まさに多くの人にとって想定外のリスクだったのではないで
しょうか。**自分の生活を守るためには、日頃から想定されるリスクに備える
意識をもつことは大切なこと**だと考えます。

老後に備える

　私たちが生きていくうえで不安になるのが老後の準備です。寿命や健康状態、収入等によって、老後に必要な金額は人それぞれ異なります。寿命を知ることはできないため、正確な金額の試算がむずかしく、完全に不安をなくすことはできません。しかし、現在の年金制度やいまからできる準備を知り、行動に移せるだけでも、私たちの不安は減りますし、将来の計画を立てやすくなるのではないでしょうか。本節では、年金と介護に焦点を当ててお話しします。

知っておくべき公的年金制度の仕組み

　公的年金制度は、年金積立金や税金に加えて、働いている人たちが支払った保険料を年金給付に充てることを基本とした財政方式で運営されています。

　日本の公的年金制度は、「国民皆年金」という特徴をもっており、国内に住所のある20歳以上のすべての人が加入を義務づけられています。公的年金は、「2階建て」と呼ばれる構造になっており、1階部分が共通して加入する国民年金と、2階部分が会社員や公務員等が加入する厚生年金や共済年金です。さらに、企業や個人が任意で加入できる私的年金制度で加入できる企業年金や個人年金が3階部分に該当します。この3階部分には、厚生年金基金、確定拠出年金（企業型）、確定給付企業年金があげられます。

　自営業者など国民年金のみ加入している人は、第1号被保険者と呼ばれ、毎月定額の保険料を自ら納めています。会社員や公務員で厚生年金や共済年金に加入している人は、第2号被保険者と呼ばれ、「標準報酬月

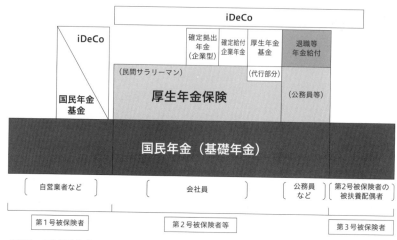

（出所）　厚生労働省「いっしょに検証！公的年金」（ウェブサイト）

額」と「標準賞与額」[60]に決められた料率をかけた保険料を会社と折半で
負担をし、給料から天引きされます。専業主婦など配偶者に扶養されてい
る人は、第3号被保険者と呼ばれ、個人としては保険料を負担する必要は
ありません。

　年金受給年齢になったときには、すべての人が老齢基礎年金を、厚生年
金などに加入していた人は、老齢厚生年金などを受け取ることができま
す。現時点の制度では、公的年金の支給開始年齢は、65歳ですが、希望す
れば60歳から早めに受け取ること（繰上げ）や支給年齢を65歳超最長70歳
までの間に先延ばしにすること（繰下げ）ができます[61]。繰り上げると、
受給額は減額されますが、繰り下げると、逆に受給額が増額されます。加
えて、老後の年金だけではなく、重度の障害を負ってしまったときに受給
できる「障害年金」と、遺族が受給できる「遺族年金」もあります。

年金を増やすためにいまからできること

　受給額を知りたいときは、毎年誕生日月に送付される年金定期便で、年金記録や年金見込額の確認をすることができます。現在の年金見込み額で不安の場合は、年金を増やすための検討が必要です。iDeCo（個人型確定拠出年金）の利用のほか、フリーランスなどで働く第1号被保険者の場合は、付加年金あるいは国民年金基金で掛け金を増やすと、年金の受給額を増やすことができます。

　個人で年金の準備を行いたい人には、保険会社の個人年金保険に加入するという選択肢があります。個人年金保険には、主に「終身年金」「確定年金」「有期年金」の3つの種類があります。「終身年金」は、死ぬまで一生涯受け取ることができます。年金受給開始後、死亡した時点で契約が消滅しますので、長生きができればお得ですが、寿命が短い場合は、年金総額が払込保険料総額を下回ることがあります。「有期年金」は、一定の年金受給期間内かつ生存していれば、年金が支払われます。年金受給期間満了前に死亡した場合は、年金総額が払込保険料総額を下回ることもあります。「確定年金」は、保険金額、生存にかかわらず、年金受給期間は年金が支払われます。仮に、年金受給期間内に死亡した場合は、遺族に支払われますので、年金総額が払込保険料総額を下回ることはありません。寿命はわかりませんので、いずれのタイプを選ぶかは、個人の判断次第となります。

　税金面では、一定の金額の所得控除（生命保険料控除）[62]を受けることができます。ただし、途中解約を行うと元本割れをしてしまうリスクや、インフレリスク、保険会社の破綻リスクなどをふまえると、リスクがゼロではない点は注意が必要です。

仕事と介護の両立を行うために知っておくべき制度

　年齢を経ると、自分よりも、家族の介護の問題に先に直面される方もお

られるでしょう。育児・介護休業法では、要介護状態（負傷、疾病または身体上もしくは精神上の障害により、2週間以上の期間にわたり常時介護を必要とする状態）にある家族を介護する必要のある労働者のための休業制度が設けられています。対象家族一人につき、通算93日まで取得が可能で、3回まで分割取得できます。

　介護休業期間中は、一定の条件を満たせば、雇用保険から介護給付を受けることができます。給付額は、介護開始時賃金日額（原則として、介護休業開始前6カ月間の総支給額、保険料等が控除される前の額で賞与は除いた金額を180で除した額）×支給日数（原則として、30日、ただし、介護休業終了日を含む支給単位期間については、その介護休業終了までの期間）に67％を掛け合わせた金額となります。

　このほか、要介護状態にある対象家族の介護を行う労働者には、1年に5日（対象家族が2人以上の場合は10日）まで、介護を行うために、介護休暇制度の取得や、介護のための短時間勤務制度、所定外労働時間の制限が定められています。勤め先の企業によっては、国よりも手厚い制度を整備しているケースもありますので、勤め先の制度の内容をよく知っておくことが大切です。

　40歳以上からは、介護保険料を支払わなければならないため、原則65歳以上の人（第1号保険者）は、原因を問わずに要介護認定または要支援認定を受けたときには、介護サービスを受けられます。第2号被保険者でも、加齢に伴う疾病（特定疾病）が原因で要介認定、または要支援認定を受けたときには、介護サービスを受けられます。要支援には1〜2の2段階、要介護は1〜5の5段階で、要支援・要介護認定ごとに、介護サービスを利用するための区分支給限度基準額が決められており、これらの1割もしくは2割（一定以上の所得がある場合）は自己負担、さらに限度額を超えた利用は全額自己負担となります。介護保険サービスの対象にならないサービスもありますので、お金の準備は必要だといえます。

　元気で働く意欲のある方は、できるだけ長く働くことが、老後のお金の問

題を減らすことにつながります。しかし、家族の介護については、育児と違って、いつ直面し、また、いつまで支援が必要なのか見通しが立てづらいこともあります。介護と両立しながら働き続けるためには、介護の問題に直面する前から、介護に関することを調べておくとよいでしょう。いざ介護に直面をすると、動揺してしまい、慣れない専門用語や制度を調べることに休業期間の時間をほとんど使ってしまうと、職場復帰前に介護離職を考えることになりかねません。そうならないためには、**介護の仕組みや、将来、自分が介護を行う可能性のあるご家族が住む自治体の介護に関する情報を調べるなど、早めに準備できることは取り組んでおくことが大切です**。

> ## コラム ❸
>
> ### 女性が抱える食生活の課題
>
> 　日本総合研究所[63]によれば、妊娠経験のない20代、30代の女性の多くが「現在の食生活を向上させたい」と考えながらも、実践できている女性の割合は 3 割未満であることが明らかになっています。特に、20代から30代前半の女性を中心に、下記（①〜④）の食行動の実践度が低いのです。「 1 日 3 食をしっかりとる」ことを実践できている女性は約半数に達しますが、野菜やカルシウムの摂取が圧倒的に不足し、逆に食塩と脂肪の摂取が過剰になっている傾向がみられます。
>
> 　若い女性の食行動の実践度が低い点は以下のとおりです。
>
> ①不足しがちなビタミン・ミネラルを「副菜」でたっぷりとること
>
> ②牛乳・乳製品などの多様な食品を組み合わせ、カルシウムを十分に
> 　とること
>
> ③食塩は控えめにすること

④脂肪は質と量を考えてとること

また、前述した調査では、妊娠経験のない女性の「朝食をとらない」比率が15％以上となっているという実態も明らかになっています。若いうちは多少の無理もききますので、仕事で毎日遅い時間まで働いたり、友人との付き合いで、仕事帰りに遊びにいくことも多いのでしょう。ただし、朝は食欲がないことやダイエットに気を使うことを理由に、朝食を抜く（あるいは軽くする）といったライフスタイルが続けば、健康的な食生活の維持がむずかしくなります。

では、具体的にどのようなことを行えば、食生活が改善できるのでしょうか。「働く女性のためのヘルスケアブック」[64]では、管理栄養士監修のもとで女性がキレイになるための食生活に向け、不足している栄養を補う方法を紹介していますので、本コラムでは一部抜粋してご紹介します[65]。

図表 2-6　食行動の実践度

区分	年齢	サンプル数	「主食」を中心に、エネルギーをしっかりとること	不足しがちなビタミン・ミネラルを、「副菜」でたっぷりとること	からだづくりの基礎となる「主菜」は適量をとること	牛乳・乳製品などの多様な食品を組み合わせて、カルシウムを十分にとること	食塩は控えめにすること	脂肪は質と量を考えて摂ること	一日三食をしっかりととること	胎児の神経管閉鎖障害発症リスク低減のため、妊娠前から葉酸を摂取すること
妊娠経験なし	15〜19歳	400	39.0	27.0	35.3	25.5	21.3	23.0	50.5	6.3
	20〜24歳	400	36.0	23.8	29.5	24.3	21.0	18.8	41.3	7.3
	25〜29歳	400	33.0	26.5	31.3	24.0	24.8	20.0	40.5	8.3
	30〜34歳	400	38.0	29.5	37.8	28.8	23.5	22.5	44.8	9.8
	35〜39歳	400	39.3	34.3	40.3	35.0	31.5	26.5	44.8	8.5

（出所）　厚生労働省　平成30年度　子ども・子育て支援推進調査研究事業
　　　　「妊娠・出産に当たっての適切な栄養・食生活に関する調査」（日本総合研究所）
　　　　https://www.jri.co.jp/page.jsp?id=34324

【キレイになるためのポイント 1：朝食を習慣づける】

　キレイになるために欠かせないのは、やはりバランスのとれた食事です。3 食しっかり食べて、適度に運動することで健康的な身体づくりを心がけることが大切です。朝食の習慣がない人は、1 日に必要な栄養が不足する可能性があります。ヨーグルトやバナナなど、調理なしで食べられるものから試してみましょう。朝食をつくれる余裕ができたら、たとえば簡単な手づくり朝食（さけフレークをのせたご飯、ヨーグルト、水に顆粒だしと乾燥野菜などを入れてつくる野菜スープ）にチャレンジしてみてはいかがでしょうか。

【キレイになるためのポイント 2：朝食メニューを工夫する】

　1 からつくらなくてもいい市販の食材を上手に利用すれば時短にもつながります。たとえば、納豆や小分けの豆腐、チーズなどを活用すると便利です。また、口にするものをできる限り「白」から「茶」にすることも健康的な食生活の基本。白米を雑穀米や玄米に替える。食パンをライ麦パンに替える。そうした工夫で、ビタミンやミネラルといった栄養価をより多くとることができます。

【キレイになるためのポイント 3：おやつで補う】

　3 食で十分に摂取できなかった栄養は、おやつで補うことができます。たとえば、イチゴやキウイ、グレープフルーツなどの果物はビタミンCやカリウムを多く含み、美容効果や疲労回復に最適です。ドライフルーツなら手軽に摂取できます。その他、低カロリーのこんにゃくゼリー、カルシウムや乳酸菌の摂取につながり、満腹感を得やすいチーズ・ヨーグルト、さらに、アンチエイジング効果のあるビタミンEが豊富なアーモンドナッツ類などもお勧めです。

　ただし、食事バランスガイドに基づくと、菓子・アルコールは 1 日200kcalまでが目安になっているので、栄養表示を確認するようにしてください。

　妊娠経験のない女性が、高齢になった時はもちろんのこと、将来子ど

もがほしいと思ったときに健康な身体であるために、早いうちから食生活を整えておくことは大切なことです。不健康になれば、お金もかかりますので、たとえ医療保険への加入をしたからといって安心せずに、日頃から健康維持への高い意識をもっておくことが必要です。

＊「働く女性のためのヘルスケアブック」はどなたでもインターネットで無料で利用可能な冊子です。妊娠中・産後の方向けには、姉妹版として「ママのための食事BOOK」もご用意していますので、ぜひ、ご活用ください。

■ 図表 2-6　**女性のためのヘルスケアブック**
　　　　　　子育てママの食事BOOK

　　働く女性のためのヘルスケアブック　　　　　ママのための食事BOOK

（出所）　厚生労働省　平成30年度　子ども・子育て支援推進調査研究事業
　　　「妊娠・出産に当たっての適切な栄養・食生活に関する調査」（日本総合研究所）（編
　　　集・赤ちゃんとママ社）
　　　https://www.jri.co.jp/page.jsp?id=34324

コラム❹

ファイナンシャル・プランナー（FP）とは何か

　雑誌で、賢い家計や節約などの特集が行われると、よく見かけるのが
ファイナンシャル・プランナー（FP）資格をもっている専門家です。そ
もそもFPとは、いったいどのような人たちなのでしょうか。日本FP協
会によれば、FPとは「一人ひとりの将来の夢や目標に対して、お金の面
でさまざまな悩みをサポートし、その解決策をアドバイスする専門家」[66]
と表現しています。FPは、個人およびその家族が考えているライフプ
ランに基づき、年収や支出等の見通しを立てて、将来の資産計画等の助
言を行う存在なのです。

　日本FP協会[67]によれば、人生100年時代に備えて、FPなどのお金の
専門家に、「ライフプラン」の作成に際して相談をしたいことがある人
は、全体で約 6 割に上ります。老後の暮らしに対する安心感について
も、全体で約 7 割が不安を感じている（「不安がある」「どちらかとい
えば不安がある」）と回答しており、30代、40代においては、不安を抱
えている人は約 8 割まで増えています。多くの人が自分のライフプラ
ンに不安を抱えている状況からは、FPに期待される役割は大きいとい
えます。

　FPは、保険や年金、資産運用等お金に関する問題などの相談に対応
するため、幅広い専門知識を勉強しなければなりません。FP資格とし
ては、日本FP協会が認定するFP資格である、AFP（アフィリエイテッ
ド ファイナンシャル プランナー）資格と、上級資格であるCFP®（サー
ティファイド ファイナンシャル プランナー®）資格、国家検定制度の
対象資格であるFP技能検定 3 級〜 1 級があります。本業、副業での活
用のほか、お金のことを総合的に勉強したいと考えて取得に励む方な
ど、資格取得に取り組む理由はさまざまです。特に金融機関の職員で取

得される方が多いため、金融機関での就職を希望する学生が取得している場合もあります。

　第2章では、国の制度含めて女性がライフイベントで知っておくべきお金のことをお話ししましたが、お金にかかわることを知り、管理することはめんどうなので、専門家等に任せようと思った方もいるかもしれません。しかし、少しでも事前に勉強したうえで専門家等に相談することと、まったく知識がゼロで専門家等に相談をすることには、大きな違いがあります。保険商品1つ例にあげても、仕組みをわかったうえで、助言をしてもらうのと、仕組みがわからずに、お勧めされた商品を買うのでは、自分が本当にほしいものだったかどうか判断がつかないからです。お金を稼ぐことは大変ですが、使うことは簡単なことです。お金のことがまったくわからない方がお金について学びたいときには、FPの資格取得を通じて、お金に関する勉強にチャレンジしてみてはいかがでしょうか。

第 **3** 章

お金の
運用の仕方を学ぶ

　ここまで、女性がライフイベント等のために知っておくべきお金の話などをお話ししました。出産・結婚後も就業を継続し、国の制度などをきちんと活用しても、このままお給料が大幅に増えなければ（あるいは見込みの生涯賃金の金額では）、自分が望む生活ができないと感じた方もいるかもしれません。

　現在、日本では金利が低いため、せっかく貯めたおこづかいやお給料を銀行に預けても、預金につく利息は高くありません。お金を増やすためには、投資が基本となります。投資は成功すれば資産を増やせる可能性がありますが、失敗すれば、元本を減らすリスクもあります。そのため、運用の仕方をきちんと理解し、自己責任で行なわなければなりません。

　本章では、お金の運用の仕方についてお話しします。投資の対象には、仮想通貨や不動産、商品などさまざまありますが、投資経験のない方でも始めやすい外貨預金、投資信託、債券投資、株式投資の４つについてお話しします。

外貨預金

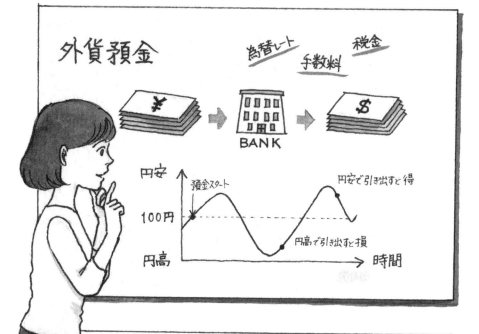

為替レート　手数料　税金

BANK

円安 ← 預金スタート　円安で引き出すと得

100円

円高　円高で引き出すと損

時間

投資信託

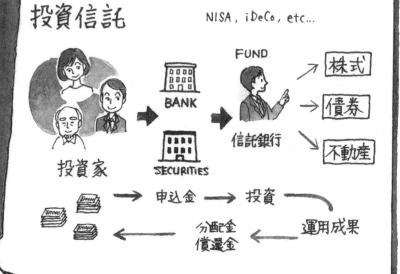

NISA, iDeCo, etc...

FUND

BANK

SECURITIES

投資家

信託銀行

株式

債券

不動産

申込金 → 投資

分配金 償還金 ← 運用成果

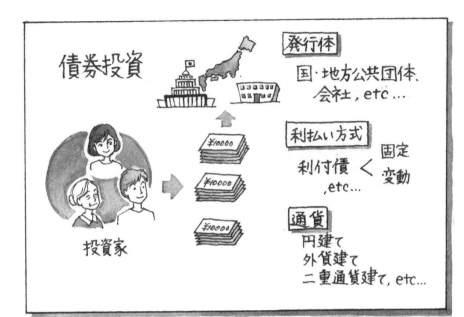

外貨預金を学ぶ

外貨預金の仕組みとは

　外貨預金とは、外貨で銀行に預け入れられた預金です。国内で、外貨預金を行うためには、外貨預金向けの銀行口座を開設し、円貨を外貨に換えて、預入れを行います。海外では、日本よりも金利の高い国があり、金利の高い国で預金をすれば、その国の通貨で高い利息を受け取ることができます。また、最初に外貨に換えた時に比べて、預入れしていた外貨を円に換える時に円安になっていれば、為替による利益である"為替差益"が生まれますので、円ベースでは利益を得られます。逆に、円高になっていれば、為替による損失"為替差損"が生まれますので、円ベースでは損失が発生します。

　通常円から外貨にするとき、あるいは、外貨から円にするときには、手

図表 3-1　外貨預金の為替損益のイメージ

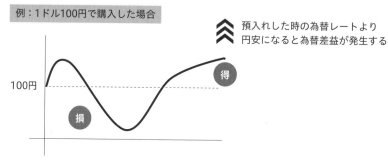

例：1ドル100円で購入した場合

預入れした時の為替レートより
円安になると為替差益が発生する

得

100円

損

預入れした時の為替レートより
円高になると為替差損が発生する

（出所）　著者作成

数料がかかります。手数料の金額は、銀行のサービスによって異なります。

　円貨から外貨に購入するときの為替レートは、「対顧客電信売相場（Telegraphic Transfer Selling）」（TTS）と呼び、外貨から円貨にするときの為替レートは、「対顧客電信買相場（Telegraphic Transfer Buying）」（TTB）と呼びます。

　下記は、仮に1米ドル100円、銀行の手数料が1円と仮定して、シミュレーションしたものです。

　シミュレーションをみると、一度ドルにした円を同じ為替レートで戻すと、往復の手数料分損をすることがわかります。円からドルにした後に再度円に戻すときには、往復の手数料以上（シミュレーション上では、往復2円分）に、為替が円安になるか否かが、損失を出さないための判断基準（利息分を考慮しない場合）となります。

《シミュレーション例》

　仮に1米ドル100円、銀行の手数料が1円と仮定して、シミュレーションしてみます。

　　＊シミュレーションでは、米ドルは小数点第二位切捨てで計算

　　①10万円を米ドルにしたとき

　　　100,000円÷101円（100円＋手数料1円）＝990.09米ドル

　　②900.09米ドルを日本円にしたとき

　　　990.09×99円（100円－手数料1円）＝98,018円

外貨預金の主な特徴

●対象となる通貨

　米ドル、ユーロ、英ポンド、オーストラリアドル、ニュージーランドドル、スイスフラン、カナダドル、香港ドル、シンガポールドル、南アフリカランド、トルコリラ、ブラジルレアルなど、多くの通貨で預金ができま

すが、銀行によって、取り扱っている通貨は異なります。

●預金の種類

　円と同様に、預金には、大きく分けて普通預金と定期預金の2種類があります。普通預金は、満期がないため、いつでも預入れや引出しができます。定期預金は、いつでも預入れはできますが、原則引出し（解約）は満期時となり、満期までの期間は原則として中途解約はできない仕組みです。定期預金は、そのような引出し（解約）の制約がある分、普通預金よりは、金利が高く設定されることが多くなっています。

●預入れした外貨の利用方法

　昨今、利息や為替差益を得るということ以外にも、外貨預金はさまざまな利用が可能になっています。もちろん、銀行によってサービスの内容は異なりますが、預入れした外貨を円に戻さずに、証券会社に振込みを行い、外国の株式や債券、投資信託の購入に利用することもできます。

　海外に旅行や留学、出張等に行かれる方であれば、海外のATMでの引出しや、デビットカードでの決済通貨としての使用、海外への送金などに利用ができます。各サービスの手数料などには注意が必要ですが、金融機関のサービスが便利になっていますので、活用方法を調べておくとよいでしょう。

●税　　金

　外貨預金には、利息に対する税金と、為替差益に対する税金が課税されます。利息に対しては、20％（ただし、2037年12月31日までは復興特別所得税が含まれるため20.315％）が課税されます。源泉分離課税で、直接銀行口座の利息から差し引かれますので、確定申告の手続は不要です。

　一方、為替差益に対しては、雑所得として総合課税となるため、確定申告が必要です。ただし、年収2,000万円以下の給与所得者であり、為替差益を含めた給与所得および退職所得以外の所得が年間20万円以下であれば、確定申告は不要です。

知っておくと便利な豆知識

　銀行によっては、一時的にキャンペーンなどで、金利が非常に高い外貨
預金商品が販売されることがあります。円の預金と同様ですが、表示され
ている金利は、あくまでも 1 年間預入れを行ったときに得られる年利率で
あることに注意が必要です。表示されている金利が高くて魅力的にみえて
も、預入期間が限定されている場合、高い金利の適用対象は、その預入期
間のみとなります。

　たとえば、金利12％の表示で100万円預入れしてみた場合、 1 年間の預
け入れで得られる利息は12万円（税引き前）です。しかし、預入期間が 1
カ月となっていると、最初の 1 カ月のみ 1 万円（12万円÷12カ月 = 1 万円）
で、そのまま預け続けた場合の金利は、当初より低く設定されていること
があります。一時的に高い金利が設定された外貨預金の商品を購入したい
と思ったときには、預入期間で得られる利息額をきちんと計算して、検討
することが大切です。

　自分がもっている円を外貨に換えて、預入れしてみることは、海外に目
を向ける第一歩につながります。いままで海外へ留学する機会がなかった
方、英語を十分に勉強してこなかった方でも、保有している通貨の為替の
動きを通して、海外の経済や政治への関心が高まり、海外のテレビニュー
スや新聞をよりおもしろく感じられると思います。**外貨預金は、単なるお
金を増やす手段としてだけではなく、視野を広げるきっかけにもなるのでは
ないでしょうか。**

投資信託を学ぶ

投資信託の仕組みとは

　投資信託とは、投資家から集めた資金をまとめて、専門家（ファンドマネジャー）が株式や債券などに投資し運用する金融商品です。集めた資金をどのような対象にどれくらい投資をするかは投資信託ごとに定められた運用方針に基づき、専門家が判断します。投資信託は、投資信託をつくり運用を行う運用会社（例：アセットマネジメント）、投資信託を販売する販売会社（例：証券会社、銀行、郵便局）、運用する資産を保管・管理する信託銀行の三層構造になっています。これにより、運用会社が破綻をしたとしても、投資家から預かっている資金が直接的な影響を受けないのです。

　購入した投資信託の基準価額（後述）が市場の変動により上昇した後に売却すれば、保有口数に応じて利益を得ることができます（ただし、下落した場合は、損失が発生します）。また、投資信託が株式や債券に投資し、運用益が出た場合、保有口数に応じて分配金を得ることができます（ただし、投資信託自体のパフォーマンスが良くないと、分配金は出ません）。一般

▶ 図表 3-2　投資信託の仕組み

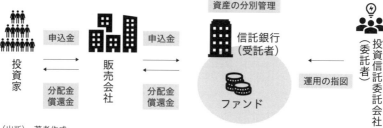

（出所）　著者作成

80

的に、証券会社や銀行口座等で受け取る方法と、投資しているファンドに再投資する方法のいずれかを選ぶことができます。分配金として受け取れば、臨時収入としての楽しみがあります。一方、同じ金額分の投資信託を追加購入しようとすると手数料がかかりますので、投資額を大きくしたい場合は再投資を選ぶのも一案です。

投資信託の主な特徴

●投資信託の種類

　投資信託を選ぶときは、運用会社を日本にするか、海外にするか、投資対象は株式、債券等にするか、投資する国はどこにするかなどを考えながらインターネット等で調べることができます。実際に調べてみると、商品数は非常に多いことがわかります。一般的にわかりやすく、よく話題になる投資信託の1つとして、上場投資信託（ETF）があげられます。代表的な指標との連動を目指す投資信託で、たとえば、「東証株価指数（TOPIX）」に連動するETFであれば、TOPIXとほぼ同じような動きをします。本章のコラムでもお話をしていますが、非課税制度の活用として、つみたてNISAを使うのであれば、投資できる投資信託は限定されていますが、一般NISAを使うのであれば、自由に投資信託を選ぶことができます。

●投資金額

　投資信託を購入するときは、一口当たりの価格に従って購入します。この一口の価格を投資信託の基準価額といいます。証券会社や銀行等で配布されている投資信託のパンフレットをみると、投資信託の申込単位と最低申込単位（例：1,000口以上1口単位）が書かれています。

　一般的な投資信託の基準価額は、投資信託が組み入れられている株式などの時価評価をもとに算出されます。株式は、市場の変動によって、価格が何度も増減しますが、投資信託の基準価額は1日に1つの価額として公表され、ホームページや新聞などで確認ができます。この基準価額に基づき、投資信託の購入や売却が行われることになります。

基準価額が公表されるのは、投資信託の取引の申込みを締め切った後になりますから、投資家は売買当日の基準価額がわからない状況で投資信託を売買することになります。このような方式を、「ブラインド方式」といいます。基準価額が確定し、公表された後に投資信託を売買できるようにすると、すでに投資信託を保有している投資家の利益が阻害される可能性があるため、このような方式が採用されています。

●税　　金

税金に関しては、投資信託の分配金は「普通分配金」と「元本払戻金（特別分配金）」に分けられ、このうち普通分配金が課税対象となります（元本払戻金は非課税）。上場・公募株式投資信託の普通分配金に対する源泉徴収税率は合計20％（ただし、2037年12月31日までは復興特別所得税が含まれるため20.315％）です。「解約」「買取請求」、あるいは運用期間満期（早期に繰り上げる場合）による「償還」によって発生した利益には税金が課税されます。特定口座を「源泉徴収あり」で開設している場合は、確定申告が基本的に不要ですが、投資信託の譲渡による損失の繰越などのために確定申告を行う場合があります。

知っておくと便利な豆知識 ─────────────●

最近では、購入手数料が無料の投資信託（ノーロード投資信託）もありますが、一般的に、投資家は投資信託を購入すると、販売会社（証券会社や銀行等）に「購入手数料」（購入金額の約1～3％）を支払います。加えて、証券会社等の口座をみているだけではわかりませんが、運用期間中は信託財産から運用にかかる費用として信託報酬、監査報酬、売買委託手数料などが差し引かれています。前述したETFに人気がある理由の1つは、販売会社への手数料や運用にかかる費用等が安いことがあげられます。投資信託の募集・販売の際には、目論見書が渡されますので、どのような費用がかかるのかを確認されることが大切です。

また、一般社団法人投資信託協会[68]によれば、投資信託の興味・関心・

購入のきっかけをもった人の半数以上が「金融機関の人に勧められて」（52.5％）と回答しています。多くの人は、投資信託を主体的に選んでいないことが想像できます。商品の数が多いと、自分で選択をすることは時間もかかり、むずかしいかもしれません。加えて、営業担当者から直接勧められると、その場で買いたくなる気持ちもわきますが、勧められたタイミングが、購入に良いタイミングかという点で、冷静な判断が必要です。

最近は、NISA（少額投資非課税制度）やiDeCo（個人型確定拠出年金）を活用することで、投資になじみのなかった方でも、投資信託を購入するきっかけは増えています。投資信託は株式投資に比べて少額で複数の投資対象に投資が可能なことや、専門家に任せることで、専門知識や時間がなくても、運用ができるためです。一方で、元本が保証されていないうえに、株式投資に比べると、投資対象を分散しているため、リスクが少ない分、リターンも獲得しづらいという特徴があります。

しかし、外貨預金と同様に、遠い海外の国にも少額で投資ができるというのは魅力の１つです。**将来は、グローバル人材になりたい、と心のどこかに思っていたら、少額（リスクが許容できる範囲内の金額）で、グローバル投資家になってみるのも第一歩**になるのではないかと思います。

運用の仕方 3　債券投資を学ぶ

債券投資の仕組みとは

国や企業など（以下、発行者）は、資金を調達するときに、資金を提供してくれた投資家に対して証書を発行しますが、この証書を債券といいます。発行者は、債券の投資家に対してあらかじめ決められた利子を支払

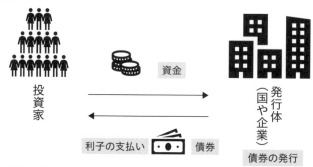

図表 3-3 債券の仕組み

資金

投資家

発行体（国や企業）

利子の支払い　債券　債券の発行

（出所）著者作成

い、満期時（償還時）には、調達した元本を返します。

　発行者の信用状況に変化がなければ、償還時には満額元本が戻ってくるため、一般的には、リスクの低い投資といえます。償還期限前までに、資金が必要になったときには、売却をして換金をすることが可能です。しかし、発行者の信用状況に変化が生じた場合、期待していた利息が受け取れなくなる、あるいは、投資した元本が戻ってこなくなる（あるいは減る）可能性があります。途中で売却をした場合、市場の価格次第では、投資した元本よりも低い価格となり、損をする可能性もあります。

債券投資の主な特徴

●債券の3分類

　債券には、主に3つの分類の仕方があげられます。まず、国が発行する債券が国債、地方公共団体が発行する債券が地方債など、発行体によって分類されます。次に利払いによる分類は、定期的に利子の支払いがある利付債など、利子の払い方によって分類されます。最後に通貨による分類は、円建て債券、外貨建て債券など、通貨によって分類されます。

●日本国債

　日本国債に人気がある理由は、元本と利子の支払いを日本政府が行い、最低でも年間0.05％の金利が保証されていることがあげられます。１万円から投資ができますので、少額で債券投資をしてみたい方にとっても投資のハードルが低いといえます。個人向けに提供されている国債は、固定３年（固定金利型３年満期）、固定５年（固定金利型５年満期）、変動10年（変動金利型10年満期）の３タイプがありますが、発行後１年経過（一部特例あり）すれば、いつでも中途換金が可能です。

●外国債券

　外国債券とは、発行体、発行通貨、発行市場のいずれかが外国、または外国の通貨である債券のことを指します。外国債券の種類としては、元本の払い込み、利子の受け取り、償還金のすべてが外貨の債券（外貨建て債券）と、日本円ですべてが行われる円貨建債券があります。外国債券の魅力は、金利の高さや、外貨で運用することによって為替レートにより為替差益を得られる可能性がある点です。たとえば、日本円にすることを考えて米ドルに投資をして外貨預金にしてみたが為替が円安に戻らないのでそのままの状態になっている、などといった場合に、保有している米ドルで、外貨預金よりも少し金利の高い米ドル建ての債券を購入することもできます。ただし、為替差損や、発行体の所在する国や地域の政治、経済環境により価格変動するリスクがある点にも注意が必要です。

●債券の購入方法

　国債や地方債であれば、銀行、郵便局で購入できますが、社債、外国債券等までさまざまな債券を購入できるのは証券会社です。ご自身の関心にあわせて、インターネット等で情報収集したうえで、金融機関を選ぶことが必要です。金融機関で口座を開設した後、債券を購入する際には、新発債券（新たに発行される債券）と既発債（すでに発行され、債券市場で売買されている債券）では、購入ルールが異なります。新発債券では、購入期間が決められており、その期間しか買うことができません。また発行される

金額が決まっているため、その金額に達した場合には、購入期間中でも買うことができなくなります。既発債券の場合は、償還期限までは市場でいつでも買うことができますが、数量に限りがあり、価格も変動します。

●税　　金

　債券投資から得られた利子は、配当所得として20％（ただし、2037年12月31日までは復興特別所得税が含まれるため20.315％）で課税されますが、源泉徴収のみで確定申告は不要です。確定申告をする場合は、申告分離課税になります。

　一方、売却や償還によって得た債券（国債、地方債、外国国債および地方債、公募公社債、上場公社債、2015年12月31日以前に発行された公社債。同族会社が発行した社債を除く）の譲渡益や償還差益（額面金額と比べて安い価額で取得し、償還時に額面金額で償還されることにより生じる利益）は、上場株式等の譲渡所得等として20％（ただし、2037年12月31日までは復興特別所得税が含まれるため20.315％）の申告分離課税となります。

知っておくと便利な豆知識

　みなさんも日常生活で、利息という表現には慣れ親しんでいると思いますが、利息のつき方には、単利と複利があります。単利は、元本のみに利息がつくことをいいます。複利とは、元本に利息がついた後は、その利息も含めて利息がつくことをいいます。1年目は、単利と複利での利息に違いはありませんが、年数を重ねると、複利のほうがより資産が増えていきます。

　ファイナンシャルプランニングの世界では、将来のマネープランシートを作成する際に、現在保有している金融資産を一定期間、一定の利率で複利運用したときに、将来いくらになるかを計算する際に、「終価係数」を利用して計算を行います。たとえば、年利1.0％で10年間、複利で運用する場合の終価係数を調べると、1.105という数字です。運用を100万円で開始した場合、10年間で100万円×1.105＝110万5,000円になります。1.0％

というと、決して高い利率ではないのですが、毎年得られた利息を含めて毎年投資をしていくと、資産を増やす効果は大きくなることがわかります。

　債券の利息から得られる利益は、株式投資で得られる（であろう）利益に比べると一見大きな利益にはみえませんが、わずかな利息でも、その利息を含めて運用し続けることは、大きな意味があります。**人生のなかで、仕事や勉学にコツコツと努力していくことと同じように、コツコツと長い期間、得られた利息をもとに運用をしていくことは、資産を増やすためには大切なことだといえます。**

運用の仕方 4　株式投資を学ぶ

株式投資の仕組みとは

　企業は、事業拡大などに資金が必要となり、それを獲得するために株式を発行します。みなさんが日常生活で利用していた企業サービスのなかには、株式市場に新規上場することが決まり、メディアで話題にされているのを見かけることがあると思います。新規で上場する主な理由の１つも、株式市場を通して資金を獲得し、その資金をもとにより新たな事業等への投資を行い、成長をしていくためなのです。投資家は、企業の将来性などを考え、その株式を購入（投資）して株主になることができます。株式投資とは、企業の株式の保有や売買を通じて、収益を得ようとすることです。

　投資をした企業が成長して株価が上昇すれば、売却して利益（キャピタルゲイン）を得られます。仮に短期間で株価が上昇し、購入価格よりも高い値段で売却できた場合には、短期間で大きな利益を得ることも可能で

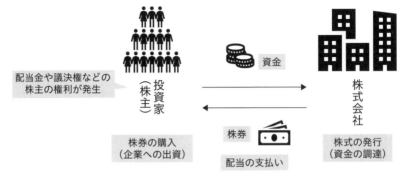

図表 3-4　株式投資の仕組み

配当金や議決権などの株主の権利が発生

投資家（株主）

資金

株式会社

株券の購入（企業への出資）

株券

配当の支払い

株式の発行（資金の調達）

（出所）　著者作成

す。ただし、株式市場は、その会社の業績だけではなく、国内外の政治、経済からも大きな影響を受けますので、将来のことはわかりません。経済誌等のほか、各社ホームページのIRコーナーや、四季報（東洋経済新報社が3カ月に1度刊行）等をみながら、配当金の過去の実績や今後の予想、株主優待など、さまざまな情報を収集・分析したうえで、投資家自身が自己責任で判断をすることが求められます。

　以前は、株式の売買単位は企業によって異なっていましたが、2018年10月1日に、国内の株式の売買単位が100株に統一されました。インターネット（例：Yahoo!ファイナンス、各証券会社のホームページ）で調べると、直近の株価を調べられますので、表示された株価に100をかけることで投資に必要な概算金額がわかります。

（例）A株式会社の株価が550円の場合（証券会社に支払う手数料等は考慮しない）

　購入に必要な概算金額：550円×100株＝5万5,000円

株式投資の主な特徴

●配 当 金

　株式を保有していた企業が株主に配当金を出す場合は、投資家は配当金（インカムゲイン）を得られることがあります。年間で得られる配当金は、株主総会を経て確定しますので、配当金を得ることを目的とした投資家は、過去の業績や配当の実績を参考に購入します。低金利の国内においては、銀行預金に預けておくよりは、リスクをとって株式投資を行い、配当金を得たいという投資家もいます。

●株主優待

　保有している株式数や保有期間に応じて、株主優待を受け取れることがあります。一部の企業では、自社の製品やサービスなどを株主優待というかたちで株主に配布しています。株主優待を提供することはファンづくりの一環でもあります。自社の製品を利用して、気に入ってもらえれば、顧客として購入してもらうことができるからです。

●株主総会への参加等

　株主総会への参加や、保有株式数に応じた議決権を行使することができることがあげられます。その企業に勤めている人や取引している金融機関でなく、たとえ一般の人であっても、株主という立場を通じて、株主総会の前には、就任している取締役の就任継続や新たな取締役の就任に賛成するか、反対するかなどの議題について投票を行い、株主総会で手をあげて質問をすることなどもできます。企業の経営に対して、「物を申す」ことができる、ということは、株主ならではの大きな特徴です。

●株式ミニ投資

　株式投資には少額から投資を行えるように、通常の株式投資の10分の１の株数で投資ができる株式ミニ投資という方法もあります。例えば、株価が1,000円の企業を、1,000円で100株購入しようと思った場合、10万円（株価1,000円×100株）のお金が必要です。しかし、株式ミニ投資を利用すれ

ば、10分の1である1万円から投資ができるイメージです。配当金は保有株式に応じてもらえますが、株主優待や議決権がない点に注意が必要です（あくまでも概算ですので、実際には証券会社のサービス内容に応じた手数料等が別途必要になります）。

● 株式の購入方法

　株式を買うためには銀行ではなく、証券会社に口座をもつ必要があります。証券会社は、総合証券会社とネット証券会社があり、総合証券会社は店舗やインターネットで、ネット証券会社はインターネットで申込みをすることになります。手続きのためには、本人確認書類やマイナンバー、銀行口座（出金を行う際の振込先の登録のため）などが必要となります。外国株式の取扱いの範囲や、手数料の金額、営業担当者による電話や窓口での金融商品の紹介など、会社によって提供されるサービスが異なります。インターネット等でよく情報収集したうえで、決められるとよいと思います。

● 税　　金

　上場株式の配当金は、配当所得として税率20％（ただし、2037年12月31日までは復興特別所得税が含まれるため税率20.315％）で課税されます。源泉徴収のみで確定申告は不要ですが、確定申告を通じて、総合課税、または申告分離課税を選択することもできます。総合課税の場合には、配当控除（税額控除）の適用がありますので、所得によっては、税負担が少なくなる場合があります。

　一方、売却によって得た上場株式の譲渡益は、上場株式等の譲渡所得等として税率20％（ただし、2037年12月31日までは復興特別所得税が含まれるため税率20.315％）の申告分離課税となります。原則として確定申告を行うことが必要になり、1年間（1月1日から12月31日まで）の上場株式などの売却収入から購入代金・費用（手数料など）を差し引いてその年の譲渡損益を算出し、その年の譲渡益から控除しきれない譲渡損については、3年間の繰越控除を適用することができます。ただし、特定口座を開設するこ

とで、納税等にかかる負担を軽減することができます。

知っておくと便利な豆知識

　最近では、ESG投資（詳しくは第4章）への関心が高まっています。利益を得ることだけを目的とせずに、環境問題や社会課題の解決に取り組む会社を応援したい、あるいは、企業が社会に役立つ行動をとっているか、一株主として議決権を行使したいなどといった理由で買われる投資家も少なくありません。企業を変えたいと思っても、一従業員になって雇われ毎月給料が振り込まれる立場になると、周囲の利害関係者への配慮から、本当に言いたいことがいえない、というのはよくある話です。しかし、議決権をもつ株主は企業の経営事項に影響を与える重要な存在であるため、株主という立場であれば、言いたいことを正々堂々と伝え行動していくことはできます。自分の利得のために、資産を増やすことも大切ですが、株式投資は、社会をより良いものへと変えていくため手段にもなるのです。

　資産運用の世界には、「Don't put all eggs in one basket」（卵を1つのかごに盛るな）という有名な格言があります。1つのかごに卵をすべて入れてしまうと、そのかごを落としてしまったときにすべて割れてしまいますが、複数のかごに分けて入れておけばそのような心配はありません。投資をする対象も同様で、**性質や価格の変動の異なる複数の金融商品に分散投資しておくことは、リスクを分散させ、長期的には、安定的な成果につながることが期待**されます。

知っておこう、
iDeCo（個人型確定拠出年金）の仕組み

　新聞や雑誌などでiDeCo（個人型確定拠出年金）の記事をご覧になった方も多いのではないでしょうか。確定拠出年金には、①企業が退職金として運用する企業型と、②個人が運用する個人型の2つの種類がありますが、iDeCoは後者（②）に該当します。毎月一定の金額を積み立て（＝掛け金を拠出する）、あらかじめ用意された金融商品を自ら選んで資産形成を図る年金制度のことです。

　日本在住の20歳以上65未満の方で、自営業者に加えて、企業年金に加入している会社員、公務員や専業主婦等も含め、多くの方が加入できます。ただし、勤め先で企業型確定拠出年金に加入している場合は、企業年金規約で並行加入してよい旨が定められている場合のみ、iDeCoに加入することができますので、事前に確認が必要です。

　女性のなかには、新卒で就職をした企業などで正社員として定年まで勤める気持ちをもっていても、結婚や出産、配偶者の転勤への帯同などを機に、専業主婦やフリーランスになる方もいます。第1号被保険者や第3号被保険者になると、将来の年金の受給額に不安をもつ女性もおられると思いますが、iDeCoはそのような方にとっても、自分の年金を形成するための選択肢の1つといえます。

　iDeCoの掛け金は、掛け金の上限金額（年間）の範囲内で、月々5,000円以上1,000円単位で掛け金を決めますが、平成30年からは、必要な手続を行えば、加入者が決めた月にまとめて支払うことも可能となっています。国民年金連合会が運営する「iDeCo公式サイト」[69]では、加入資格に加えて、掛け金の上限金額（年間）の詳細を確認することができます。

iDeCoを行うと、税金面で主に３つのメリットが得られます。

１つ目は、掛け金が所得控除となることです。「iDeCo公式サイト」のシミュレーションに基づくと、年収400万円の女性が、月々の掛け金を支払うと、１年で２万1,600円分の税金（概算）が軽減されます。

２つ目は、加入者の事情に応じて控除が受けられることです。年金として受け取る場合は公的年金等控除、一時金の場合は退職所得控除の対象となります。

３つ目は、掛け金の運用で得られた利益が非課税になることです。投資信託を選んで運用し分配金が支払われた場合は、課税されず投資信託へ再投資されます。

しかし、iDeCoは、年金を形成するという長期的な資産運用であるが故に、デメリットもあります。掛け金は60歳になるまで支払われ、60歳以降に老齢給付金として受け取ります。掛け金の減額や停止（それまでに支払った掛け金分の運用は継続される）はできますが、原則として

図表 3-5　iDeCoの拠出限度額について

（第１号被保険者）自営業者		月額6.8万円（年額81.6万円）（国民年金基金または国民付加保険料との合算枠）
（第２号被保険者）会社員・公務員等	会社に企業年金がない会社員	月額2.3万円（年額27.6万円）
	企業型DCに加入している会社員	月額2.0万円（年額24.0万円）
	DBと企業型DCに加入している会社員	月額1.2万円（年額14.4万円）
	DBのみに加入している会社員	
	公務員等	
（第３号被保険者）専業主婦（夫）		月額2.3万円（年額27.6万円）

（注）　DB：確定給付企業年金、企業型DC：確定拠出年金
（出所）　iDeCo公式サイト https://www.ideco-koushiki.jp/start/

60歳まで資産を引き出すことができません。60歳までに死亡した場合には、遺族が一時金として給付金を受け取ることになり、相続税の対象になります。実際にiDeCoを行う場合、iDeCoを取り扱う多くの金融機関のなかから希望する金融機関を1社選んで加入手続を行います。金融機関により提供している金融商品の種類や口座の管理にかかる手数料などが異なります。

　また、金融商品については、一般的には、投資信託と元本確保型の商品（例：定期預金、保険）が提供されていますが、投資信託の場合は、株式市場等の影響で元本を下回る可能性があります。金融商品は運用途中に変更できますので、元本が下回るリスクの高い商品の選定は、金融商品の勉強をしてからでも遅くはありません。投資信託を選択するための十分な金融知識がない場合は、元本確定型の金融商品を選択し所得控除を受けるのも一案です。

　精神的、経済的に女性が一生自立して生きていくためには、長期的な視野で自分の老後のための資産形成を行うことが大切です。メリット、デメリットを把握することが前提となりますが、老後の年金の準備のためにiDeCoへの加入を考えてみてはいかがでしょうか。

コラム❻

知っておこう、
NISA（少額投資非課税制度）の仕組み

　NISA（少額投資非課税制度）とは、少額からの投資を行うための非課税制度のことを指します。NISA専用の口座で購入した株式や株式投資信託等から得られる配当金や分配金、譲渡益が非課税となります。現

94

在は、一般NISAとつみたてNISA、ジュニアNISAの 3 種類があります。今回のコラムでは、女性自身がまずは自分のために利用するという想定で、一般NISAとつみたてNISAを中心にお話しします。

　一般NISAとつみたてNISAは、日本にお住まいの20歳以上（口座を開設する年の 1 月 1 日現在）の方が対象ですが、 1 人 1 口座しか開くことはできません。利用する際には、一般NISA、つみたてNISAのいずれかを選択することになります。

　NISAを取り扱っている銀行や証券会社、郵便局などの金融機関に、本人確認書類等、必要書類を提出して、口座を開設します。NISAの取扱状況や取り扱っている金融商品などが異なりますので、各金融機関のホームページをよくご覧になったうえで、手続きを検討する必要があります。

　つみたてNISAと一般NISAとでは、非課税投資枠と非課税期間、投資可能期間、対象となる金融商品が異なります。

　つみたてNISAの場合には、2018〜2042年の間に投資を行えば、非課税期間は最長20年間となります。新規投資額は毎年40万円が上限で、非課税投資枠は最大800万円となります。ただし、配当金等が非課税となる金融商品は投資信託やETFなどの一部に限定されており、株式は含まれていません。

　一般NISAの場合は、2014年〜2023年[70]の間に投資を行えば、非課税期間は最長 5 年間となります。新規投資額は毎年120万円が上限で、非課税投資枠は最大600万円となります。配当金等が非課税対象となる金融商品には、株式投資信託、国内・海外上場株式、国内・海外ETF、国内・海外REIT等幅広く含まれます。

　さらに、令和 2 年 3 月27日付で法律が改正をされ、2024年からは、新NISAが始まり、2028年まで 2 階建てで利用ができます。 1 階は年間上限額が20万円でつみたてNISAと投資対象は同じであり、 2 階は年間上限額102万円で株式や上場株式投資信託等が対象となります。原則

として2階の枠を利用したい人は、1階の枠の利用が前提となりますが、例外措置としてNISA口座を開設していた人や投資経験者が2階で上場株式のみを対象に利用する場合は不要です。

　一般NISAとつみたてNISAともに、いつでも売却や払出しは可能です。ただし、購入した金融商品を売却した場合、売却した非課税投資枠を再度利用することはできません。非課税期間満了後も金融商品を保有したい場合、一般NISAでは、一般口座や特定口座等の課税口座に移す方法と、所定の手続きを行ったうえで、NISA専用の口座で翌年の非課税投資枠を利用（ロールオーバー）する方法があります。ロールオーバーすれば、さらに5年間非課税で保有できます。課税口座に移す場合には、非課税期間満了時の時価が取得価額となり、その後譲渡した際には取得価額を基準に課税されることになります。

　ロールオーバーする際には、ロールオーバーをする前年末の最終営業日時点の時価が取得価額となります。翌年の非課税投資枠の上限額を超えていても、全額ロールオーバーすることができますが、その年の非課税投資枠は利用できません。上限額を超えない金額をロールオーバーした場合は、残額を利用して、新規に金融商品の買付けを行うことができます。非課税期間が終了する段階になると、（現状では）課税口座に移すことになります。

　つみたてNISAの場合は、一般NISAのようなロールオーバーはできません。非課税期間満了後も金融商品の保有を行う際には、NISA専用の口座に預入れしていたETFや株式投資信託は、特定口座や一般口座などの課税口座に移され、NISAの口座で保有していた間の値上り分には課税されません。ただし、新NISAの1階で運用していた金融商品は、新NISAの非課税対象期間終了後もつみたてNISAへの移行が可能となっています。

　NISAが注目される最も大きな理由は税金面でのメリットです。本章でも述べましたが、現在、上場株式の配当金に対する源泉徴収税率は合

計20.315％（2037年12月31日までは復興特別所得税が含まれるため）、株式の譲渡所得に対する申告分離課税の税率は合計20.315％（2037年12月31日までは復興特別所得税が含まれるため）です。NISAは、前述したとおり、専用の口座で購入した金融商品の配当金、譲渡益等が非課税になります。

　一方、NISAで取引した損益は、他の口座と損益通算ができず、損失を翌年以降に繰り越すことができないことはデメリットです。前述したとおり、非課税期間満了時に、一般口座や特定口座に移した場合は、非課税期間満了時の時価が取得価額となることがデメリットになる場合もあります。売却時に、当初の購入価格と比べて損失が出ていても、非課税期間満了時の価格より値上りしている場合は課税対象となります。

　iDeCoとは異なり、NISAで取引できる金融商品には、定期預金など元本保証の商品は含まれていません。NISAを利用される際には、金融商品に関する知識をしっかりと学び今後の経済情勢などを考えたうえで、判断をされることが大切です。

第 4 章

お金の流れで社会を変える

　前章まで女性のライフイベントを念頭に置いたお金とのかかわり方や運用についてお話してきました。本章では、社会をより良い方向に変えていくために、企業のESG側面の活動に対する判断を組み入れた投資である、ESG投資についてお話しします。

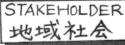

STAKEHOLDER
地域社会

FACTORY

STAKEHOLDER
顧客

長く使えて
環境にも
配慮してる！

対応も
誠実！

SERVICE
&
PRODUCT

A COMPANY

STAKEHOLDER
従業員

働きやすさ

休暇制度

在宅勤務

PLACE

TIME

MONEY

子育て世代や
介護する社員への
サポート

ジェンダーや人種
年齢、宗教、
LGBTQ…etcへの
対応は？

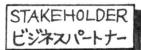
STAKEHOLDER
ビジネスパートナー

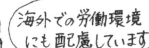
海外での労働環境にも配慮しています

適正価格で取引します！

原料調達についても情報を開示しています

STAKEHOLDER
政府

ちゃんと法律を守って適切に事業を行っていますか？

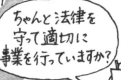

STAKEHOLDER
株主

わたしのお金で良い会社を応援して社会を変える！

Environment　環境への影響・配慮は？

Social　社会的にいいことしてる？

Governance　法令順守してる？

ESG投資とは何か

ESGの言葉の意味

　ESGとは環境（Environment）、社会（Social）、ガバナンス（Governance）の略で、**企業が事業活動を支えるステークホルダーと良好な信頼関係を継続するために配慮すべき側面**です。ステークホルダーとは、たとえば、顧客や株主、取引先や地域住民など、事業活動を支えるさまざまな組織や人々のことを指します。企業が安定した事業活動を続けるためにはステークホルダーへの配慮が必要不可欠です。そして、ESG投資とは企業のESG側面の活動に対する判断を組み入れた投資です。

　前章ではさまざまな金融商品を紹介してきましたが、それらは自分の資産を増やすための手段です。株式投資を例にとると、投資で儲けたいと思えば、儲かっている企業に投資をすればよいということになります。事業が大きく成長して、売上が急拡大している企業というのはまさに好例でしょう。また前章で、銀行預金において、預金者であるみなさんは少額ながら利息を受け取れるという話が出てきたと思います。企業側からすれば銀行からお金を借りて、借りている間は利息を払わなければなりません。よって、銀行から借りているお金が少ない、平たくいうと借金が少ない会社というのも儲かっている企業の条件に入るでしょう。ESG投資においては、投資先である企業を選ぶときに、単純に稼いでいるかどうかという視点だけではなく、どのように稼いでいるかに注目します。

どの企業がESG投資対象か

　たとえば、年に10億円稼ぐ2つの企業AとBがあったとします。企業Aは品質の高い製品をつくっており、まれにお客さんからクレームが来た時

にも誠心誠意対応しています。一方、企業Bは大ヒット製品を打ち出しましたが、お客さんからのクレームに対して自社の誤りを認めず、お客さんの製品の使い方が悪いなどと言い訳しています。どちらのほうがみなさんにとって魅力的に映るでしょうか。もちろん企業Aでしょう。企業Aは堅実な印象を与え、これからもお客さんに寄り添い、困り事を解決する製品を売り出すことでさらに儲けていくことでしょう。一方、企業Bは大ヒット製品を打ち出していることから、とてつもない技術力があるのかもしれませんが、お客さんに対するアフターケアに問題があります。お客さんが理不尽なクレーマーの可能性も否定できませんが、このような態度をとられるとお客さんは二度と企業Bの製品を買わないばかりか、インターネット上で悪いレビューを書くかもしれません。そうなるといま10億円稼いでいる企業Bですが、目先の大ヒット商品が飽きられてしまえば、今後は継続して年10億円稼ぐことができず「一発屋」として、二度と日の目をみないかもしれません。

　本章では、このようなESG投資の投資先となるような企業に求められる配慮についてステークホルダーごとにみながら、ESG投資の視点についてお話しします。

事業を通じて社会に貢献する企業

　みなさんは企業というとどのようなイメージを思い浮かべますか。お気に入りのブランドやインターン先、ご両親や親戚が実際に企業で働いている先、そもそもよくわからないなどさまざまな答えが返ってきそうです。**企業はお客さん（以下では「顧客」と呼びます）にさまざまな製品やサー**

ビスを提供する代わりに対価を得る団体です。もちろん、これは企業のもつ一側面に過ぎませんが、最も重要なのはこの顧客との関係です。

製品・サービスとは何か

　みなさんは日々いろいろな「製品」を購入しています。身の回りにあるものは、スーパーやデパート、または専門店で買ったものです。スーパーやデパート、専門店は企業が運営する店舗です。またそれらの店先に製品が並ぶまでにはその製品をつくった人たちがいます。もちろん個人が事業としてそれらをつくっていることもあるかもしれませんが、よほどオーダーメイドされたものでなければ、それらをつくった人たちも企業の一員です。

　また、みなさんが普段使っている「サービス」にはどんなものがあるでしょうか。最も身近なのはスマートフォンを用いた通信のサービスではないでしょうか。スマートフォン自体は製品ですが、それに月額料金を払ってインターネットにアクセスできるのは通信会社のサービスです。また、みなさんは出かけるときに電車やバス、海外旅行に行く際には飛行機を使って移動しますが、これも運輸というサービスの一種です。

　みなさんが日常生活に必要な「製品」や「サービス」は企業によってもたらされ、それなしには私たちの生活は成立しません。極論すれば消費者がすべて自分たちでつくり、使うという自給自足も可能ですが、そこまで労力をかけずとも企業のもたらす製品やサービスによって私たちはより便利な生活を送ることができています。

「三方良し」が示す経営哲学

　このような数々の製品やサービスは最初からあったものではなく、企業の技術革新や経営努力によって生み出されてきたものです。製品やサービスを世に送り出すことによって人々の生活を豊かで便利なものにしてきたため、企業は自社事業を通じて社会に貢献しているということができま

す。この考え方は多くの日本企業の企業理念・経営理念にも表れています。

　代表的な理念に「三方良し」があります。三方とは売り手（企業）・買い手（顧客）・世間（社会）のことで、それぞれを利するべしという江戸時代の近江商人の経営哲学です。社会に利するためには、顧客から得た利益を学校や橋の建設など地域社会への貢献に直接使うことが必要だと思われるかもしれません。もちろんそのような地域への貢献活動は大切です。しかし、実際はそれだけでなく、多くの顧客のニーズに応じた製品の提供を重んじ、顧客のニーズを把握する商人の感度の高さが重要なのです。**自社事業で人々の役に立つことこそが企業としての基本であり、社会への貢献**といえるのです。

企業を取り巻くステークホルダー

ステークホルダーとは何か

　前節でお話ししたように企業はその製品・サービスの提供を通じて私たちの生活を支えています。しかし、見方を変えると企業を支えているのは顧客である私たちです。すなわち顧客が製品・サービスに対してお金を払うからこそ、企業は活動し続けることができます。そして企業を支えているのは顧客だけではありません。**顧客を含む多種多様な組織や人々が関係し、企業の活動を支えているのです。このような関係者を一般的にステークホルダーと呼びます。**本節ではどのようなステークホルダーが企業活動を支えているのかを概観します。

顧　客

　企業にとって最も重要なステークホルダーは顧客です。顧客がいて、その人たちが製品・サービスにお金を払ってくれているため、企業は存続することができます。企業は、顧客により多くの自社の製品・サービスを購入してもらうために、満足度を上げるための努力や工夫を日々行っています。顧客がいるからこそ、これから述べる他のステークホルダーとの関係を続けられるのです。

地域社会

　2つ目のステークホルダーは地域社会です。地域社会からの理解や支援があってこそ、企業は地域で活動ができます。そのため、企業は自社の施設がある地域に対してもさまざまなかたちで貢献しています。主な例として、施設の周りの清掃活動や近くの小学校・中学校・高等学校への出張授業や社会科見学の受入れなどがあげられます。

図表4-1　**企業を取り巻くステークホルダー**

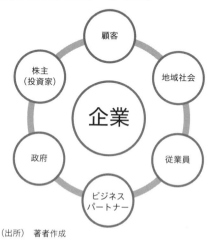

（出所）　著者作成

従業員

　3つ目のステークホルダーは従業員です。企業が事業を行うには従業員の存在が必要不可欠です。企業には社長ほか、経営陣がいますが、彼らだけでは顧客のさまざまなニーズに対応する製品・サービスの提供は不可能です。企業は従業員にお給料を払いますが、よほど高額でなければそれだけで従業員をつなぎとめておくのは困難です。企業は、従業員が働きやすいように福利厚生や手当といったかたちでお給料とは別にお金を払ったり、職場環境を整えたり、従業員の希望を聞くための機会を設けています。

ビジネスパートナー

　4つ目のステークホルダーは、ビジネスパートナーです。企業のために働く人という点では従業員と同じですが、ビジネスパートナーは、事業に協力をしてくれる外部の取引先等です。本書では大きく3種類に分けて考えます。

　第1に調達先（サプライヤー）があげられます。たとえば、スーパーやデパートはさまざまな製品を取り揃えていますが、当然それぞれの製品をつくるために、原材料等を提供する調達先がいます。みなさんがスーパーやデパートで新しい服を買えば、その服はどこかの縫製工場の機械で編まれたものです。工場で編むには糸が必要ですが、綿糸であれば、綿花を栽培する大規模な農場が必要になります。みなさんが購入する服は綿花農場をはじめ、さまざまな調達先の手を経てみなさんの手元に届けられているのです。このような複数の調達先の連鎖はサプライチェーンと呼ばれています。

　第2に下請会社があげられます。調達先とは異なり、下請会社が提供するのは企業が活動するのに必要なサービスです。たとえば、建設会社は大規模なプロジェクトだと自社だけでは人員も機材も足りないため、他の中

小建設会社に作業の協力を頼むことが一般的です。この場合協力した会社は下請会社、協力をお願いした会社は元請会社と呼びます。

第3に代理店があげられます。最もみなさんに身近なのはコンビニエンスストア（以下、コンビニ）でしょう。コンビニはそれぞれの企業が直接運営している直営店と企業が営業の代理をお願いしている加盟店（フランチャイズ店ともいいます）があります。コンビニはその名前のごとく店舗数が多く、地元の人が利用しやすいのが利点ですので、企業が直営店を出店しているだけでは間に合いません。そこで地元の酒屋さんなどがコンビニの加盟店となっています。

企業は、それらの加盟店と良好な関係を構築するためにさまざまな工夫をしています。優秀な加盟店の表彰や、懇親会などを開催することもあります。その一方で、企業と加盟店との関係性がさまざまな要因で悪化するようなケースも近年では起きています。

政　府

5つ目のステークホルダーは政府です。企業にとっては政府と良好な関係を維持することも重要です。政府は、企業が競争環境のなかで、公正公平な事業ができるように見守る役割を果たしています。逆に、企業が法律を犯せば、罰金などの処罰を科されることがあり、最悪の場合、営業停止となり、活動を継続することができなくなります。

株　主

ステークホルダーの最後は株主です。企業が製品・サービスを顧客に提供し、顧客から対価を得るという循環を継続するためには製品やサービスを提供し続ける必要があります。そのために設備を整えたり、従業員を雇ったりする必要がありますが、その元手となるお金を出しているのが株主です。株主が企業活動に不満をもてば、出していたお金を引き揚げることができるため、企業が最も配慮しなければならないステークホルダーの

１つといえます。

　企業が事業を継続し、発展させていくためには、前述したさまざまなステークホルダーへの配慮は欠かせません。**ステークホルダーと良好な関係を構築している企業こそが生き残ることができ、より良い社会づくりにも貢献する**のです。本章では、この後、企業がこれらステークホルダーとの良好な関係を維持するためにどのような活動を展開しているのか、先にあげた６つのステークホルダー別にお話していきます。

ステークホルダー　1　顧　客

消費者目線で企業を視る

　前節まででステークホルダーと良好な関係を構築する企業こそが良い企業であるということをお話しました。では、私たち自身がステークホルダーと良好な関係を築けている企業とそうではない企業をどう見分けることができるのでしょうか。企業は、顧客への配慮をしっかりアピールするために品質や安全性に関する方針を策定し、公表しています。そして実際にそのような方針を行動として実践するため、企業は日常的にさまざまな仕組みを運用しています。本節では、消費者として、良い企業を判断するための３つの視点についてお話しします。

視点 1　企業への信頼を示す品質マネジメント規格

　製品が出荷されるまでに最初に設計したとおりの製品となっているか、さまざまなチェックが必要となります。それぞれの企業が独自の品質マネ

ジメントシステムを展開していますが、そのベースとなっている国際規格ISO9001があります。ISO（国際標準化機構, International Standardization Organization）は1946年に設立された非政府組織で、それぞれの分野の有識者が自発的に国際規格をつくることを目的としています。ISO9001とはISOのなかでも品質マネジメントに特化したものです。こうした規格をすべての企業が取得しなければならないわけではありませんが、取得していることはその企業に対する信頼の1つとなるでしょう。

視点2 消費者のクレームを未然に防ぐための広告・宣伝

みなさんはテレビショッピングをみたことはありますか。ダイエット器具や食品、化粧品などさまざまな製品を紹介して、消費者は番組の指定する電話番号に電話をし、購入するというものです。テレビショッピングは限られた時間で製品の魅力を伝えるべく、わかりやすく効果を伝えなければなりません。たとえば、あるダイエット器具を毎日使ったらウエストが細くなった、というものです。当然ながら、体質の差や器具の使用頻度など個人差があるため、誰もが同じ痩身効果を得られるとは限りません。そこで番組では「効果には個人差があります」というテロップを表示します。正確性を担保するとともに、番組をみてダイエット器具を購入した消費者からのクレームを未然に防ぐためです。過剰な表現や事実を誤認させる内容になっていないかといった点は、その企業への信頼に直結するものになるでしょう。

視点3 リスク管理のクレーム対応は商品開発のヒントに

特に個人向けに製品・サービスを提供している企業には不可欠で、クレームに適切に対応しなければ、悪評が顧客の間で広まり、買い控えにつながってしまいます。最近では、タピオカミルクティーに入っているタピオカが硬すぎるといった消費者からのクレームがあったというメディアの報道を見かけましたが、顧客が期待していた製品の品質が達成されていな

いと、顧客の不満の種となってしまうのです。ただし、クレームは企業にとって悪いことばかりではありません。そのクレームが不当なものでない限り、クレームに真摯に対応したり、顧客の不満を解消した新製品を発売したりすることによって、企業の評判がむしろ良くなることもあるためです。クレームを防ぐ目的で、顧客満足度調査の結果やお問合せ窓口に寄せられた声を企業の上層部や製造部門と共有することで、より顧客のニーズに合った製品開発のヒントをいち早く得ることもあります。

　企業を視るときに、私たちは主に製品・サービスのデザインなど外形的なことに目を奪われるかもしれません。しかし、**消費者と良好な関係を構築している企業か否かを見極めるためには、前述したような品質マネジメントが行われているか、適切な広告や宣伝内容か、誠実なクレーム対応がされているか、といった企業の取組みに着目する視点も大切**なのです。

ステークホルダー 2　地域社会

なぜ企業は社会貢献活動をするか

　本節では、地域社会に対する企業の働きかけについてお話しします。企業は、近隣地域でお祭りやイベントなど催し物があったとき、協賛というかたちでお金を出すことで協力していることがあります。たとえば、マラソン大会であれば、走者のゼッケンに協賛企業のロゴが掲載されているのを一度は目にされたことはあるのではないでしょうか。もう少しスケールが大きいものになると、企業は国際的なNGOにお金を出し、社員も動員して協働することで、NGOの活動の手助けをすることもあります。

　とはいえ、企業はその活動を続けるためには稼ぎ続けなければならない

のに、なぜ、一見儲けにならないこのような社会貢献活動にお金を出すのでしょうか。おそらく、前述の「三方良し」の精神で、顧客だけでなく地域社会にも配慮しなければならないという考え方が日本企業全体に広く浸透しているというのが１つの答えでしょう。製造業にしろ、サービス業にしろ、インターネットなどのバーチャル世界ではなく、リアルの世界に自社施設をもっています。みなさんが引っ越したときにはその隣近所にご挨拶し、迷惑にならないように気を付けると思いますが、企業も同じです。**自社施設のある地域に迷惑をかけないようにするのはもちろんのこと、地域に愛される企業となるべく、上記のような協賛をするのです。**このように私たち一般市民と同じように企業が地元に配慮しているということを示すときには、企業市民（コーポレート・シティズンシップ）という言葉を使います。

　一方、企業が騒音や環境汚染などで、地域に迷惑をかけてしまうと、立ち退きを求める運動が起きてしまうことがあります。言い換えると地域は企業が自分にとって不利益なことをしないか気にかけており、企業が無事自社施設を運営できているのは地域から一種の事業許可を得ているからともいえます。これは法律で決まっている事業許可とは違って、やらなければならないことがすべて決まっているわけではありません。**地域の人々と普段から交流して、どのようなことを期待しているか、あるいは、どのようなことに注意が必要か、を把握する必要があるのです。**

将来のファンづくりのための戦略

　企業のなかには単に善意だけではなく、戦略的に社会貢献を展開する企業もあります。発展途上国では先進国に比べるとさまざまな物資が不足しているだけでなく、物資を提供されてもそれを有効活用する人材もいないということがよくあります。

　たとえば、日本企業のなかには水を使わない簡易トイレや魚釣り用のボートを提供したり、経済開発のために建設機械を扱える人々を育成する

学校等に支援する企業があります。これらの企業はもちろん善意からこれらの活動を行っているはずです。トイレの整備が行き届いていなければ、その地域は不衛生な状態となり、伝染病の温床となりかねません。いかだを使って近くの川や海で魚を捕るしかない人々に魚釣り用のボートを提供すれば、より効率的に魚を捕ることができ、市場で売ることで収入を得ることが可能となります。建設機械を学べる学校があれば、都市や道路といったインフラの開発をより早く進めることができるようになります。

　しかし、いまは発展途上国でも、経済発展が進んで日本企業の製品を買えるほど国が豊かになれば、それまでの社会貢献に恩義を感じ、優先的に日本企業の製品を買ってくれるかもしれません。これまでの社会貢献活動をきっかけに、日本企業の製品に慣れ親しんでいるという理由から日本企業の製品を買ってくれるという期待ももてます。**企業が社会貢献活動を行う理由の一部には、自社のブランドイメージの向上や、将来の新たな顧客の開拓などの期待が含まれている**のです。

　社会貢献は企業のESGの取組みのなかで、最も情報開示が進んでいます。みなさんがよく知っている企業がどのような活動をしているのかぜひ見てみてください。イベントへの協賛やお金の寄付のほかにも、食品や寝具など物資の寄付を行っていることがあります。なかには、社員にボランティアのための休暇を取得する制度を整えることで、仕事が忙しすぎてボランティアができないという状態にならないよう配慮している企業もあります。またこのような活動は地域社会が企業に求めるさまざまなニーズに応えるものですので、グローバル展開している企業では、それぞれの地域に合わせた多様な活動を展開しているなど、社会貢献活動の違いにも気づくでしょう。

企業選びに必要な 3 つの視点

　みなさんのなかにはいま大学に通っており、卒業後は企業に就職しよう
と考えている人も多いと思います。しかしアルバイトとは異なり、1 日の
うち長時間を過ごし、何年も勤めなければならないと考えると、どの企業
に就職するのか慎重になるでしょう。最近では企業が内定を出す前に、ご
両親の承諾、いわゆる「親確」を求めてくることもあり、ご両親にも納得
されるという観点も就職先の選択に影響を与えているかもしれません。そ
れでは就職先の候補となる企業を選ぶにはどのような点に注目したらよい
でしょうか。すでに社会に出て働いている方や転職を検討されている方は
ご自身の勤務先や、これからの転職予定先に当てはめて考えていただけれ
ばと思います。

　男女問わず、結婚・出産・介護などみなさんのライフイベントに対し
て、企業が従業員にどのように配慮をしてくれるのかは重要なポイントで
す。それがわかりやすいのは企業の福利厚生制度をみることでしょう。**企
業が取りうる対策としては、勤務における**(1)**時間、**(2)**場所、**(3)**お金、
それぞれの面で従業員がライフイベントにより受ける制約を緩和すること**があ
げられます。

❶ 時　　間

　疾病休暇、女性による育児休業が一般的です。育児休業は、第 2 章で述
べたとおり、法的に最低限の水準が定められていますが、企業の制度とし
てそれを上回る期間が許可されているかどうか確認してみるとよいと思い
ます。本書執筆時点では、小泉環境大臣が育児休暇を取得することが話題
になりました。このことは制度が整備されてもまだまだ男性による育児休

業の取得が進んでいないことを示唆しています。逆にいうと、男性による育児休業の取得が進んでいる企業は従業員個人のライフイベントについて寛容とも考えられますので、みなさんにとって働きやすい企業かもしれません。また、高齢化が進む日本においては、ご家族の介護に関する休暇制度、短時間勤務制度の内容が充実しているかどうかにも注目です。制度が充実していない企業では、介護を理由に退職してしまう介護離職が現実に起きています。

❷　場　　所

　育児・介護を理由にした在宅勤務は徐々に広まりつつありますし、必ずしもそのような理由がない場合でも在宅勤務を許可している企業もあります。情報技術の進化に伴い、在宅勤務が可能な仕事も増えているためです。本書執筆時点では新型コロナウイルス感染予防を目的に在宅勤務の慣行が急激に普及しました。また、配偶者が自宅から通えない国内・海外の勤務地に転勤になった場合、配偶者に同行し、転勤先の支店で勤務できる配偶者帯同制度や、配偶者の転勤事由で休職した社員を再雇用する制度を整備している企業も徐々に増えています。著者はロンドンで現地企業に勤務していたことがありますが、その際日本企業から転勤を命じられたご夫婦と出会ったことがあります。奥様が転勤でロンドンに来ていたのですが、そこに旦那様が帯同して主夫をされていたという珍しいケースでした。一方で生まれ育った地域からあまり離れたくないという人もいます。その場合は勤務地を限定した勤務が可能かどうかを確認してみるとよいでしょう。

❸　お　　金

　結婚や出産の際にお祝い金というかたちで支給される昔ながらの制度が日本企業のなかに息づいています。さらに、近年では、子育て世代を支援するための育児面でのサポートに積極的な企業は多く、育児奨励金をもらえたり、病児保育費用が補填されたり、社内託児所の制度を設けている企業があったりします。現在は出産前から保育園探しをするほど、その数が

足りていない地域もあり、いわゆる「保活」だけでも親はかなりの労力を強いられることがあります。しかし社内託児所がある企業であれば、子どもの近くで働くことができるため、もし子どもが体調を崩してもすぐにお迎えに行くことができます。

多様性への配慮も重要

　ここまで取り上げた3つに共通しているのは、従業員それぞれが抱える家庭環境への配慮といえるでしょう。これにもう1つ加えるならば、従業員自身への配慮という視点もあります。

　著者はロンドンの現地企業に勤めていた時に、日本企業に対して人権問題についての取組みを尋ねると、セクシャル・ハラスメント（以下、セクハラ）を防止している、という返事が多かったと記憶しています。**たしかにセクハラは人権問題の一部ですが、多様性のなかで考慮すべき要因の1つにすぎません。通常多様性分野で考慮される要素としてジェンダー、人種、年齢、宗教、障害の有無、性的志向（LGBT：レズ・ゲイ・バイセクシャル・トランスジェンダー）等があります。**企業のなかには「女性活躍推進」「働き方改革」と銘打ち、セクハラに限らず国内での多様性推進活動に熱心に取り組んでいることもあります。最近では、企業が運営する自社のホームページのほか、厚生労働省の女性の活躍推進企業データベースなどを活用し、そのような活動や取組内容について情報開示を行う企業が増えていますので、就職（あるいは転職）活動をされるときには、ご参考にされるとよいと思います。

> ステークホルダー
> **4**

ビジネスパートナー

製品・サービス提供までのプロセスにも目を向ける

　企業（本節のなかでは発注する側を"企業"と呼ぶ）が自社の従業員に対してさまざまな配慮をするように、そのビジネスパートナーないしはそこで働く従業員に対する配慮も求められています。近年では、ビジネスパートナーを保護するための法整備も進み、特にグローバルなビジネスを行う企業にとっては、ビジネスパートナーへの配慮が十分でなかったことにより、批判にさらされてしまうといったケースも増えています。

　企業とビジネスパートナーの関係性は、企業と従業員の関係性とは大きく異なります。これは、企業はビジネスパートナーの提供する製品・サービスに満足できなければ、別のビジネスパートナーに乗り換えられてしまう可能性があるためです。ビジネスパートナーは自社の従業員の満足度と、顧客である企業の満足度の両方を考えねばならず、場合によっては顧客である企業の要望を優先させてしまうこともあるでしょう。顧客である企業との取引がなくなってしまえば、従業員への給料やさまざまな福利厚生も縮小せざるをえなくなるためです。

　また、このような状態は企業とビジネスパートナーの規模の差に起因することもあります。たとえば、大手のスーパーやデパートのような企業はさまざまな物品を調達し、店頭に並べ、消費者のニーズに応えようとします。さまざまな物品は１つのビジネスパートナーから調達するのではなく、少なくともスーパーやデパートより規模の小さいビジネスパートナーから調達することが一般的です。そうなるとビジネスパートナーはスーパーやデパートのニーズを常に把握し、必要な時に必要な量だけ納品できるように準備しておかなければなりません。しかし、ビジネスパートナー

のなかにはスーパーやデパートよりも洗練された管理体制をもつところは少なく、結果として従業員が長時間働くことで対応しているところが多い可能性があります。特にビジネスパートナーが新興国であれば、その傾向は顕著になります。新興国では、労働に関する法整備が進んでいないために、従業員への人権侵害を犯してでも、取引を継続しさらなる利益を得たいと考える企業が存在するのも事実です。

ビジネスパートナーが抱える問題

　読者のみなさんは、一消費者として、ある企業の製品・サービスを購入するとき、その企業がビジネスパートナーとの間に抱える問題を知っている場合、その製品・サービスを購入したいと思うでしょうか。**そのような問題に特に対策を打っていない企業の製品・サービスを購入し続けることは、知らないうちに、結果としてそのような企業活動を支援していることにつながる**のです。

　私たちが日頃気軽に利用している製品・サービスは、みえないところで、多くの人々の労働の上に成り立っている可能性があることを忘れてはいけません。エシカル消費については、第5章で取り上げますが、私たちが購入している製品・サービスにかかわるビジネスパートナーにまで目を向ける姿勢が求められます。

Box 1　ウズベキスタン綿花収穫での児童労働（調達先の事例）

　人権侵害の代表的な事例としてあげられるのが児童労働です。児童労働とは違法に子どもに働かせている、または合法でも子どもを搾取して働かせることをいいます。児童の定義、すなわち何歳以下がそれに当たるかは国によって異なりますが、児童の定義に当てはまる人を働かせていれば児童労働となります。みなさんも歴史の授業で奴隷制度について聞いたことがあると思います。主にアフリカの原住民を鉱山や農園で強制的に働かせ、それで得た利益を還元しないという非人道的な制度です。現代奴隷はそれほどひどく

はないですが、労働の対価として得られる賃金は極端に低いという点で、奴隷制に近いことからそう呼ばれています。

　日本に住んでいると、児童労働を身近に感じることは少ないかと思いますが、国内で販売されている衣料品は、児童労働とのかかわりがよく指摘をされる商品の1つです。衣料品は綿花による綿糸または石油由来の合成繊維を機械で編み、染料で染め、縫製を整え、店頭に並びます。児童労働はどの工程でも起き得ますが、最も大規模に児童労働が行われているのは、サプライチェーンの最上流である綿花畑です。綿花の生産地の1つである中央アジアのウズベキスタンがあげられます。ウズベキスタンは、綿花の生産量、輸出量の両面でリーダーといえる存在です。しかし、一部の人権NGOはこの大量生産は児童労働に支えられていると指摘しています。NGOによると綿花の収穫はウズベキスタン政府により命令・管理されており、地方ごとに収穫量のノルマが設定されているといわれています。ウズベキスタンの地方の知事は農家以外の住民、年齢を問わず、大人も子どもも強制的に働かせ、そのノルマを達成させるようにしているのです。同NGOは、ウズベキスタンが綿花の収穫のため、政府が高校や大学を閉鎖していると指摘しています。言い換えると、ウズベキスタンの政府は、子どもが教育を受ける機会を奪っているのです。

　そして、ウズベキスタン製の綿花はバングラデシュ、中国、インドなどに輸入され、世界でも有数のアパレルメーカーの衣料品に加工され、日本を含む先進国に出荷されています。この問題がNGOにより痛烈な批判を受けると、アパレル業界は業界団体によるイニシアティブとしてウズベキスタン製の綿花を調達しないように縫製工場に依頼するようになりました。ただしウズベキスタンの綿花は安価だからこそ使われており、その綿花を使わないとなれば、私たちが購入する衣料品の価格が上がるだけではなく、各国の企業や国の経済に影響を与えるのは目にみえるため、問題の解決は簡単ではありません。

Box 2　台湾電気製品メーカーに勤める従業員の自殺（下請会社の事例）

　　スマートフォンや持ち運び可能なゲーム機、タブレットなどを製造している台湾電気製品メーカーは、みなさんもよく知る日本企業や米国企業のブランドの製品を製造しています。日本企業や米国企業に代わってその企業の製品を製造しているため、日米企業からみれば当該企業は下請会社になります。2010年にこの企業は海外メディアで18名の従業員が自殺したこと、また自殺に失敗した従業員が重傷を負ったことについて批判されました。この企業が従業員に提供している労働環境に多くの問題が指摘されましたが、その1つに長時間労働があります。報道によると従業員の平均残業時間は月120時間を超えていたそうです。平日が勤務日とすると1カ月で約20日、1日当たり6時間の残業時間が発生していたということです。通常1日の労働時間は9時から昼休みを挟んで17時30分までの7.5時間と考えると、6時間の残業時間を追加すると、23時30分まで働くことになります。しかもこれを月曜日から金曜日まで毎日行わなければならないと考えると、たしかに気が滅入りそうです。仮に平日そこまで遅くまで働いていないとすれば、週末にも勤務しなければならないことになりますので、やはり従業員がゆっくり休息をとるのはむずかしいです。その後、この企業は2018年にも従業員の自殺が発覚していますので、まだ対応は不十分といえるでしょう。

　　一方、メディアはこの企業に製造委託している日本企業・米国企業も痛烈に批判しました。製品製造を委託している日本企業・米国企業はこの企業がこのようなずさんな労働環境を容認していることを問題視し、その改善を要求すべきでした。また最悪、改善が十分でなければ、取引をやめるということも伝える必要がありました。顧客からそのような要求があれば、取引を継続するために労働環境の改善に勤しむかもしれないのです。

　　ビジネスパートナーの問題は、取引を行う企業側にもあります。企業は、問題のあるビジネスパートナーと取引をしないという（問題があれば改善を要請する）姿勢をもつと同時に、ビジネスパートナー側に問題を起こさせないように取引を行うことが求められます。

Box 3　コンビニでの過重労働（加盟店の事例）

　コンビニのオーナーにとっては多様なサービス、長時間にわたる営業は激務そのものです。コンビニの多くはコンビニチェーン本部の加盟店であるため、たとえオーナーの体調が悪くとも、疲れ切っていて休みたくとも、オーナーの判断でサービスを限定したり、営業時間を短くしたりすることはできません。もし仮にそのような行動をとれば、本部から契約違反として違約金の支払いを要求されるか、加盟店の契約を断られる可能性があるからです。

　一方で加盟店のオーナーはその扱いが不当だとして少なくとも10年前からコンビニチェーン本部を提訴して、争ってきました。加盟店のオーナーはその劣悪な労働条件を承知のうえで、加盟店となったはずだとして、長らくオーナー側が敗訴し続けてきました。しかし、人手不足問題などとともに加盟店の状況について社会的な関心が高まったこともあり、2019年4月に政府組織の1つである公正取引委員会は、加盟店による営業時間の短縮を本部が拒否した場合、独占禁止法という法令に違反する可能性があるとの見解を示しました。すなわち、加盟店はコンビニチェーン本部に比べて小規模の事業者であり、本部はそのような力関係を勘案する必要があるということです。さらに産業政策を司る経済産業大臣がコンビニチェーン本部に対して、加盟店支援などを行うよう行政指導を行うなど、加盟店の状況改善の兆しが顕著になってきました。

　今後も社会的関心の高まりは続き、コンビニだけでなく、一般に代理店と呼ばれる組織に活動が広がっていくことが望まれます。

ステークホルダー 5 政　府

法律は企業の行動をどう変えるか

　　コンビニオーナーに有利な見解を一部の政府機関が示したことを前節で触れましたが、政府は法律をつくることで、企業に公正な活動を求めています。本節では企業活動に伴う政府の役割について説明するとともに、その限界についても見てみます。

　　政府は法律をつくり、企業の行動を制約することができます。企業は日本で事業を行うにあたり、会社法をはじめとしたさまざまな法律に従わなければなりません。なかには特定の業務を行うに当たり、政府の発行する免許が必要なものもあります。たとえば、銀行はそのような業務の1つです。お金を借りたい企業や個人に適切な金利でお金を貸すというのは信頼が何より求められます。そこに悪徳業者が多数いるような状態では企業がお金を借りようとせず、経済が回らなくなってしまいます。そこで政府は銀行の業務ができる企業を見定め、そのような企業にのみ免許を与え、免許をもつ企業にのみ銀行業ができるというルールをつくっているのです。免許を与える企業にはやって良いことと、やってはいけないことを定めています。やってはいけないことをした企業には罰金その他の処罰が下ります。最悪の場合、事業の一定期間停止や免許を取り上げられ、二度と事業に従事できなくなることもあります。

　　また、**政府がつくる法律のなかには他のステークホルダーへの配慮を前提としている**ものもあります。たとえば、景品表示法は製品やサービスの品質、内容、価格等を偽って表示を行うことを規制する法律です。これは消費者が自分に適切な製品・サービスを選ぶ際、誤解を招くような表示を禁じるというもので、顧客に配慮するための法律といえます。また社会福祉

法は高齢者や生活困窮者など社会的弱者の援助を規定した法律で、企業が社会貢献活動を展開する際に、その基となる法律になります。労働基準法は従業員が企業に搾取されないようにするために制定されたもので、従業員への配慮を促進する法律です。これがビジネスパートナーの1つである下請会社向けには下請法という法律が規定されています。このように法律の一部はここまで触れてきたようなステークホルダー配慮を目的としています。

法律を超えて求められるステークホルダーへの配慮

　ただし、法律さえあれば企業が必要なステークホルダーへの配慮を必ず行うということではありません。法律の罰則が重大なものでなければ、企業は法律に従わない可能性があります。また、法律に従いさえすればよいということであれば、極論をいえば、企業は政府以外のステークホルダーの声に耳を貸さなくなることになります。**企業がステークホルダーへの配慮を行うためには、法令順守（コンプライアンス）はもちろんのこと、法律になっていなくても、自主的に行動基準をつくり、守ることが社会から求められている**のです。

　自主的な行動基準には業界ぐるみのものも多くあります。前節で取り上げた品質マネジメントシステムの国際基準であるISO9001やアパレル業界がウズベキスタンからの綿花調達を自粛するというイニシアティブは好例です。しかし、真にステークホルダーへの配慮を謳うのであれば、そのような業界ぐるみの活動に参加していくことに加えて、自社独自の倫理規範や行動基準を掲げ、業界ぐるみの活動を引っ張っていくという姿勢が重要でしょう。

　最初に触れた近江商人の家訓「三方良し」にみられるように、日本企業の多くは企業理念や行動基準を掲げており、法律のみに依存しているわけではありません。しかし、企業理念や行動基準は実行に移されなければ意味がありません。企業によっては、職場で企業理念や行動基準に反する行

為が行われていた場合、従業員がこっそりそれを伝えることができる内部通報制度が準備されています。加えて、通報後に通報者がハラスメントを受けることがないように、企業は通報者を守るためにさまざまな工夫をしています。たとえば、通報する窓口を社内だけではなく、社外の法律事務所に置くといったことです。また、このような仕組みを社員だけではなく、ビジネスパートナーなどでも使えるようにすることで、より早期に問題を発見しようと力を尽くしている企業もあります。こうした企業独自のものは政府が定める法律を遵守し、より実効性を高めるための取組みといえるでしょう。

政府が定めた法律は企業の活動を変える大きな原動力となります。しかし、**企業にステークホルダーへの細やかな配慮を求めるには法律だけでは不十分であり、法律を超えた企業の取組みが求められているということを認識**しておく必要があります。

ステークホルダー **6** 株　主

ここまでで顧客、地域社会、従業員、ビジネスパートナー、政府と主要なステークホルダーをみてきました。**企業は、実に多様な人々に支えられているため、彼らとの信頼関係を損ねれば、再び信頼関係を構築するにはその何倍もの努力が必要**になります。

さらに、みなさんがそれぞれの立場になったときの企業の見方も想像がつくようになったのではないでしょうか。顧客の立場では製品・サービスの質が気になりつつも、あまりにも安い製品・サービスはビジネスパートナーの誰かが苦しんでいるかもしれないことを想起できるようになったか

もしれません。また従業員として企業に勤める場合には、福利厚生やさまざまな制度の存在を調べてみなければと感じたかもしれません。みなさん一人ひとりがこのようなことを意識して行動を変えていくと、企業もそれに応じて行動を変えざるをえなくなります。

「わたし」のお金で社会を変える

　ここで本章のタイトルに立ち戻ってみましょう。最後のステークホルダーは株主（投資家）です。この本を手に取るまでは投資なんて私には縁遠いと思っていた人も多いはずです。しかし、すでに第3章までを読んでいたら、お金や投資は他人事ではなく、自分事と考えるようになったと思います。さまざまなライフイベントに備えて、自分でさまざまな金融製品を選び、投資することで必要な資金を確保していかなければなりません。働いて得る給与だけではなく、投資も同時に考えていく必要があるのです。

　特に株式投資や株式投資信託の購入にあたり、本章の内容を活かしていくにはどうしたらよいでしょうか。大きく分けて2つの方法があります。

　1つ目は**良い企業に投資する**ということです。良い企業をどのように考えるかで、さらに視点が2つに分かれます。最もわかりやすいのは現代の環境問題・社会問題の解決に資する製品・サービスを提供している企業に投資するという視点です。たとえば、都市部では保育園の待機児童問題が依然として解決されておらず、働くお母さんは出産前から保活を意識していなければなりません。このようなとき、働くお母さんのニーズにきめ細やかな対応をできる子育て関連施設等を運営している企業は、事業を通じて働く女性の環境改善という社会問題に対応している良い企業といえるかもしれません。また発展途上国では所得が低水準であるがゆえに、薬を買えない人たちが多くいます。そのような人たちに所得水準に応じた価格設定で薬を提供している企業は良い企業といえるでしょう。また、ステークホルダーへの配慮を行っている企業に投資するという視点も大切です。顧

客満足度が高いかどうか、従業員向けの諸制度が充実しているかどうか、ビジネスパートナーに寄り添い共生しようとしているかどうか、企業が発信する情報源や雑誌などをみて、第三者として確かめてみるとよいでしょう。最近はステークホルダー配慮に優れている選抜するさまざまな外部評価が公表されていますので、それを参考にしてみるのも一案です。

2つ目は、**悪い企業を見つけてしまったらその企業に投資をしない（あるいは売却する）**ということです。顧客から度々苦情が寄せられている、従業員の労災事故が多く発生している、ビジネスパートナーを酷使しているとのNGO等からの指摘があるという場合には要注意です。もちろんそのような悪い状況を是正しようとしていれば、たまたま悪いことが起きた時にその企業をみてしまったということもできるかもしれません。しかし、悪い状況が継続していた場合には企業は対処する必要性を感じていない、悪い企業とのレッテルを貼られても致し方ありません。従業員として就職を考えるとき同様、そのような企業にはかかわらないようにする、すなわち投資しないようにすることが重要です。そうしなければいつまでたってもそのような企業は行動を改めることはないでしょう。

私たちの投資行動で変わる社会

最後に、**みなさんが良い企業に投資する、悪い企業には投資しないということを徹底すれば、より多くの企業は単に儲かればよいという考えから、ステークホルダーに配慮しつつ儲けなければならないという考えになっていく**はずです。そのような動きをビジネスチャンスと考える金融機関は、良い企業に投資をする株式投資信託の販売を強化しようとするでしょう。みなさん一人ひとりが顧客としてだけでなく、投資家としてより良い社会づくりを考えた投資行動をすれば、みなさんの想像をはるかに超えるお金がステークホルダーへの配慮を軸に回り、結果的に社会はより良いものになっていくはずです。みなさんの身の回りはもちろん、国内、海外へも波及していきます。「三方良し」のように元来日本には他人をおもんばかる文化

が根づいています。みなさんは、顧客として、従業員として、そして投資家として社会を変えていく力をもっていることに自信をもって行動していかれることを期待しています。

コラム❼

業種ごとの女性活躍状況の違い

　厚生労働省[71]によれば、業種ごとで女性の活躍状況は大きく異なることが明らかになっています。女性管理職比率については、「医療・福祉」が最も高いほか、「宿泊業、飲食サービス業」「生活関連サービス業、娯楽業」「教育、学習支援業」が続いています。これらの業種は、相対的に女性の就業率も高くなっていますので、女性が多く働く業種ほど、管理職の数も多くなっていることがわかります。

　なかには、女性が多く働いているにもかかわらず管理職が少ない業種もあります。「金融業・保険業」においては、女性が多く働いているものの、管理職比率は低くなっています。古くから一般職、総合職といったコース別雇用管理制度などを設けてきたことが影響していますが、最近では、かなり人事制度が変化していますので、今後、この差はかなり縮まることが予想されます。

　しかし、女性の就業率、管理職ともに少ない業種もあります。たとえば、「建設業」や「運輸業・郵便業」、「電気・ガス・熱供給・水道業」などは、女性の数が少なく、管理職も少なくなっています。これらの業種に女性が少ない理由としては、理数系専攻の女性が少ないことに加えて、なかには、関心がありつつも、活躍している女性が少ないがゆえに、仕事と家庭の両立ができるか不安をもって応募を断念することなどがあげられます。では、そのような業種では、本当に女性活躍が進んで

いないのでしょうか。

　男性社会のイメージが強い建設業界に着目してみると、実はここ数年でさまざまな変化が生じています。2014年8月には、国土交通大臣と建設業5団体との間で、「もっと女性が活躍できる建設業行動計画」が取りまとめられました。行動計画においては5年間の目標期間を掲げ、建設業で働く女性、特に技術者・技能者を倍増することを目指し、官民一体でさまざまな取組みが進められてきました。さらに、2020年1月には、新計画として「女性の定着促進に向けた建設産業行動計画〜働きつづけられる建設産業を目指して〜Plan for Diverse Construction Industry where no one is left behind」が策定されました。

　この行動計画[72]のなかでは、建設業界で働く女性の離職者を減らし、入職者を増やすための目標設定や、建設業界で女性が定着するために主に男性意識啓発の実施、働きがいと働きやすさが両立できる職場環境の

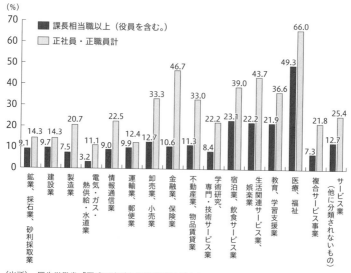

🔴 **図表 4-2　産業別の女性の就業率・管理職比率**

（出所）　厚生労働省「平成30年度雇用均等基本調査」

整備、働きやすい現場の労働環境の整備（例：トイレや更衣室）などが
あげられ、さらなる取組みが推進することが期待されています。

　では、具体的に、女性にとって働く現場はどのように変わっているの
でしょうか。現在まで女性活躍推進の取組みを実施してきた具体的な企
業事例として、鉄建建設をご紹介します。

　鉄建建設では、2014年11月にはダイバーシティ推進ワーキンググ
ループが発足し、2018年4月には「ダイバーシティ推進部」が新設さ
れました。現在は、「ダイバーシティ推進部」が中心となり、ダイバー
シティ推進の第一歩である「女性」に焦点を当て、「キャリア支援」と
「両立支援」の軸で取組みが進められています。女性が働きやすい職場
をつくることは、結果として男性も働きやすい職場につながります。

　鉄建建設では、女性に配慮した職場環境の整備（例：トイレや更衣室
の整備）や、男性管理職、女性役職者に向けた研修の実施、ワークライ
フバランスブックを全従業員へ配布、法定を上回る子育て支援制度の整
備、建設現場での長時間労働の削減等を行っています。そのような取組
みの積み重ねを経て、女性の育児休業取得率は100%、2014年に90名
だった女性の従業員数は、2018年度に160名まで増えています[73]。女
性の管理職数も年々増加傾向で、2019年度は15名の女性管理職が活躍
しています[74]。

　管理本部ダイバーシティ推進部部長、野本由美子氏からは、同社で働
く女性や組織の変化についてお話をご紹介いただきました。

　「取組みによるいちばんの効果は『意識の変化』です。女性が自ら発
案または意見を出しながら快適で働きやすい職場環境（女性専用設備な
ど）を整えています。また男性からも『女性用安全帯（命綱付き全身ベ
ルト）を社内周知しては？』など『女性が活躍できる環境を整えていこ
う』とさまざまな声が寄せられています。自発的に職場環境を変えてい
こうとする意識がつくられているのです。さらに男性が家庭にかかわる
機会も増えています。特に男性育休取得者数の増加は顕著で、仕事以外

のコミュニケーションも活発化するなど、社内でワークライフバランス実現への意識が高まっています」

　女性活躍推進の取組みをきっかけに、女性が働きやすくなることに加え、職場環境への変革意識が生まれるなど、副次的な効果が得られていることがうかがえます。さらに、野本氏からは、建設業界への就職（あるいは転職）に迷っている女性に対するメッセージもいただきました。

　「建設業界では、女性がやりがいをもち働き続けることができるよう取組みを行っています。女性が少ないからこそ、女性同士結びつきは強く、後進の道をつくる意欲も高く、またその醍醐味も味わうことができます。ぜひわれわれとともに、女性がさらに元気で活躍できる建設業界をつくっていきましょう！」

　ここ数年は、労働人口の減少に対する危機感から、業界、業種を問わず、多くの企業が女性の活躍に関心をもっています。就業者や管理職の比率という数値で比較をしてしまうと、女性の活躍が遅れている業界や業種で仕事をしていくことに不安はあるかもしれません。しかし、徐々に女性が働きやすい職場に変化をしている企業もありますし、女性が少ないからこそ、女性らしい感性に基づくアイデアの提案を通じて、率先して職場環境を改善させていくなど、活躍の場は多いと考えます。

〈インタビュー協力者〉
　鉄建建設株式会社
　　管理本部　ダイバーシティ推進部　部長　野本由美子氏
　鉄建建設株式会社
　　管理本部　ダイバーシティ推進部　小山美月氏

コラム❽

大企業と中小企業の女性活躍推進状況の違い

　2016年4月1日には「女性活躍推進法」が施行され、従業員数が300人を超える企業には一般事業主行動計画の策定や公表等が求められていました。当時、300人以下の企業については、努力義務に留まっていましたが、2019年5月には、女性活躍推進法等の一部を改正する法律が成立し、一般事業主行動計画の策定や公表等の対象が、301人以上から101人以上の事業主に拡大されることになりました。政府は、大企業だけではなく、中小企業に対しても女性活躍を推進しているのです。

　では、大企業と中小企業、女性の活躍状況にどのような違いがあるのでしょうか。厚生労働省[75]によれば、企業の規模が大きくなるほど、「課長相当職以上の女性管理職を有する企業」の比率が高くなっています。

　●「課長相当職以上の女性管理職を有する企業」の比率

　　　5,000人以上規模：　　　　96.3%

　　　1,000～4,999人規模：　81.9%

　　　300～999人規模：　　　69.6%

　　　100～299人規模：　　　60.1%

　　　30～99人規模：　　　　57.2%

　　　10～29人規模：　　　　54.5%

　一方、女性管理職（人数）の比率に着目すると、異なる結果が表れています。

　従業数が少ない企業ほど、総じて課長相当職以上の女性管理職比率が高い傾向がみられるのです。

　●「課長相当職以上の女性管理職（人数）」の比率

　　　5,000人以上規模：　　　　7.1%

1,000〜4,999人規模：	5.9%
300〜999人規模：	5.4%
100〜299人規模：	8.3%
30〜99人規模：	13.4%
10〜29人規模：	22.5%

　このほか、三菱UFJリサーチ＆コンサルティング[76]が実施した平均勤続年数の調査でも、中小企業のほうが男性との平均勤続年数の格差が少ない、もしくは男性よりも女性の平均勤続年数が長いことが明らかになっています。

　これらのことからは、女性が管理職として活躍できる中小企業においては、その活躍状況は大企業に比べて非常に進んでいることが想像できます。中小企業は従業員数が少ない分、経営者の考えがすぐに現場に反映されやすいという特徴があげられます。女性活躍推進法等への対応で、女性の管理職を増やすか否かの議論を行う以前に、経営者の考え方次第で、自然と女性管理職が増えている可能性もあります。人数も少ないため、能力やモチベーションの高い女性がいれば、自然体で女性を登用しているということでしょう。

　しかし、中小企業が組織として計画的に女性社員育成に取り組む例は多くはありません。厚生労働省[77]によれば、女性の活躍を推進するうえで「研修の付与」が必要だと考えている企業は、規模が小さくなるに従って、女性の活躍に関する研修の必要性に対する意識が低い傾向がみられます。この背景には、大企業のほうが、従業員数が多いがゆえに、きちんと研修制度を整備し、社内で研修等も体系的に実施する仕組みを有していたということもあるのだと考えます。

　●女性の活躍を推進するうえで「研修の付与」が必要だと考えている企業の割合

5,000人以上規模：	64.4%
1,000〜4,999人規模：	53.9%

300〜999人規模：　　44.2%

100〜299人規模：　　39.1%

30〜99人規模：　　　36.8%

10〜29人規模：　　　28.8%

　女性の活躍について、大企業、中小企業との違いをみてきましたが、中小企業の女性活躍が進んでいないわけではありません。最近では、女性の活躍推進企業データベース[78]で、上場の有無や規模の大小問わず、個々の企業の女性活躍推進状況をみることもできます。就職（あるいは転職）活動する際には、自分が望む働き方ができる企業か否か、企業の制度の整備状況や実績をみておくことは 1 つの判断指標になるといえます。

＊中小企業基本法の定義に基づく中小企業者及び小規模企業者「中小企業」
　という表現を用いて述べています。

第 5 章

新しい社会の仕組みを考える

　ここまで、読者のみなさんのライフイベントや身近な話題を通じて、お金の流れや経済を考えてきました。第5章では、もう少し視点を広げ、急速に変わりつつある、「投資」「消費」「教育」「働き方」の4つの分野における新たなトレンドや価値観を紹介し、2030年までにやってくる新しい社会の仕組みについて考えたいと思います。4分野いずれにも共通するのは、持続可能であること、そして、若い世代の支持を得ている内容であるということでしょう。近い将来、きっと当たり前になっているキーワードを、いまのうちから普段の生活で少しずつ意識することで、新しいキャリア、新しいライフスタイル、新しいお金の使い方がみえてくるかもしれません。

Investment
投資が変わる

新しい判断軸

社会や環境への
「インパクト」

クラウドファンディング

X COMPANY
Good impact?
or
Bad impact?

Consumption
消費が変わる

シェアリング・エコノミー

エシカル消費

Sustainable Society

Education
教育が変わる

SDGs　考える力

VUCAな
社会を生きる力
社会を動かす
若い世代

Way of working
働き方が変わる

副業・兼業
起業

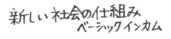

新しい社会の仕組み
ベーシックインカム

もう知らないとはいえない「SDGs」

SDGsとは何か

　まず、初めに取り上げたいのはSDGs（エスディージーズ、と読みます）です。Sustainable Development Goalsの略称で、国内では「持続可能な開発目標」と呼ばれています。企業や自治体にお勤めの方などでは、「最近勤務先でも取り組み始めました」「わが社のホームページにもロゴがあります」という方がいるかもしれません。公的機関、非営利法人、教育機関などにお勤めの方など、本業がまさにSDGsが示す目標と関係がある方もいらっしゃるでしょう。

　そもそもSDGsとは、2015年９月、ニューヨークの国連総会で採択された「アジェンダ2030」と呼ばれる合意文書に含まれていた、世界共通の開

図表 5-1　SDGsの17の目標

目標 1	貧困をなくそう	目標10	人や国の不平等をなくそう
目標 2	飢餓をゼロに	目標11	住み続けられるまちづくりを
目標 3	すべての人に健康と福祉を	目標12	つくる責任つかう責任
目標 4	質の高い教育をみんなに	目標13	気候変動に具体的な対策を
目標 5	ジェンダー平等を実現しよう	目標14	海の豊かさを守ろう
目標 6	安全な水とトイレを世界中に	目標15	陸の豊かさも守ろう
目標 7	エネルギーをみんなにそしてクリーンに	目標16	平和と公正をすべての人に
目標 8	働きがいも経済成長も	目標17	パートナーシップで目標を達成しよう
目標 9	産業と技術革新の基盤をつくろう		

（出所）　国連広報センター ホームページをもとに作成

発目標です。「貧困削減」「飢餓の撲滅」といった途上国寄りの課題から、「ジェンダー平等」「技術革新」「格差の是正」「気候変動」といった先進国にも共通する課題をカバーした17の目標から構成されています。各目標には、それぞれより具体的な取組みを記述した169のターゲットとその達成を評価するための232の指標が設定されています。

　「このような目標やターゲットは、国際機関や各国政府が取り組むもので、私たち個人にどのような関係があるの？」と思う方がいらっしゃるかもしれません。たしかにSDGsの達成に向けた計画策定や普及促進を主導しているのは、国際機関や各国政府です。しかし、その目標達成に向けた具体的な取組みには、自治体、企業、学校、そして、私たち個人レベルでの活動が必要不可欠なのです。SDGsとは何か、については現在さまざまな書籍やインターネット上の記事が存在しますので、本書では深く記述をしませんが、それがなぜ、**私たちのライフスタイルやキャリアに関係があるのか**、以下に例をあげて考えてみたいと思います。

「食品ロス問題」から考えるSDGs

　たとえば、「目標12　つくる責任　つかう責任」に含まれるターゲットの１つに、「12.3　2030年までに小売・消費レベルにおける世界全体の一人当たりの食料の廃棄を半減させ、収穫後損失などの生産・サプライチェーンにおける食品ロスを減少させる」というものがあります。農林水産省の統計によれば、平成28年度の国内の食品廃棄物等は年間2,759万トンですが、そのなかで本来食べられるのに捨てられる食品の量、いわゆる食品ロスは年間643万トンといわれています。まず、経済的な側面からみれば、日本はその食料の多くを海外の輸入に依存しているにもかかわらず、その多くを廃棄している状況には非常に大きな無駄が発生しているといえます。次に、環境的な側面からみれば、大量の食品ロスが発生することで、可燃ごみが増加し、焼却によるCO_2排出といった環境への負荷が発生しています。最後に、社会的な側面から考えてみます。「世界食料農業

白書2019」によれば、現在世界で８億2,000万人もの人々が空腹を抱えているといいます[79]。いまこの瞬間に世界に飢餓に苦しむ地域がある一方、まだ食べられる食品が大量に廃棄されている地域があるという不均衡が発生しているのです。

　食品ロスが発生する原因には、家庭で食品を購入し過ぎて賞味期限が切れてしまったり、外食時に注文した量を食べ切れなかったり、規格外の野菜が捨てられてしまったりと、さまざまな要因があります。そのため、それらを抑制するには、ターゲットの12.3が示すように、私たち一人ひとりが食品を無駄なく大切に消費していくという生活における意識の変革が必要とされています。

　食品ロスの問題のみならず、SDGsには個人のライフスタイルのなかで達成に向けた貢献ができることもたくさん含まれています。たとえば、地産地消に配慮した農産物を購入する、日々の買い物にエコバッグやマイボトルを取り入れる、食品は量り売りで必要な分を購入する、衣類をリユース・リサイクルする、リモートワークで自家用車の通勤を控える、といった、ひとつひとつとしては小さな取組みです。しかし、こうした**個人の小さな行動の積み重ねが、やがて環境や社会を良い方向へと向かうための大きなアクションにつながる**のです。

SDGs視点のキャリア設計

　SDGsの17の目標は、個人のライフスタイルだけではなく、長期的にみれば個人のキャリアの設計にも有効な物差しであるといえるでしょう。その理由は、世界のビジネスリーダーで構成される、「ビジネス＆持続可能開発委員会」による報告書「より良きビジネス、より良き世界」[80]をみれば明らかです。同報告書では、SDGsの達成に貢献し、かつ今後成長する分野として、「食料と農業」「都市」「エネルギーと原材料」「健康と福祉」の４つを掲げました。さらにそれらを60ものビジネスに分類し、それらのビジネスを通じて、今後年間約12兆ドルの価値と、2030年までに３億8,000

万もの新たな雇用が創出される、という試算をしています。図表5－2は
そのうち市場規模が大きい上位のビジネスを示しています。

　見方を変えれば、これらのビジネスは今後2030年までに急速に成長す
る、もしくはメインストリームになっているものだといえます。一般論で
すが、個人のキャリア形成の過程において、**企業規模を問わず、成長市場
に身を投じることは**、ビジネススキルを早期に獲得でき、**自身の市場価値を
高める**ことに大きく影響します（もちろん、成熟市場でも成長する人はいま
す）。たとえば、先にあげた食品ロス削減の話を、個人の取組みとしてで
はなく、ビジネスとして考えてみましょう。すると、「新たな包装材の開
発を通じた食品の鮮度維持技術の向上」「食品廃棄物を利用した発電事
業」「規格外野菜を活用した子ども食堂」「消費期限が迫った食品をシェア
するためのアプリ」など、食品ロス削減という問題解決につながるさまざ
まな新規ビジネスが世の中に生まれていることがわかります。

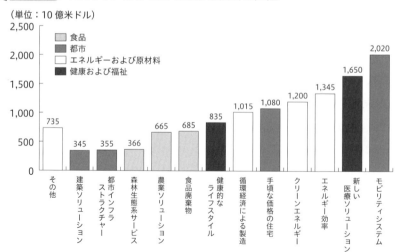

図表 5-2　**2030年における漸増的市場機会の価値**

（単位：10 億米ドル）

凡例：
- 食品
- 都市
- エネルギーおよび原材料
- 健康および福祉

その他	735
建築ソリューション	345
都市インフラストラクチャー	355
森林生態系サービス	366
農業ソリューション	665
食品廃棄物	685
健康的なライフスタイル	835
循環経済による製造	1,015
手頃な価格の住宅	1,080
クリーンエネルギー	1,200
エネルギー効率	1,345
新しい医療ソリューション	1,650
モビリティシステム	2,020

（出所）　ビジネスと持続可能な開発委員会「より良いビジネス、より良い世界」

新規ビジネスの例として、Box 4 で植物肉ビジネスのお話をご紹介します。国内外で企業規模を問わず、大企業からベンチャー企業まで、さまざまな企業がこの新たな市場の獲得に挑戦しています。

Box 4　植物肉にみる新たなビジネス機会

　現在世界で注目されている成長市場の 1 つが、大豆ミートや植物肉と呼ばれる植物由来の肉代替製品です。日本能率協会総合研究所が提供するMDB Digital Searchの推計によれば、世界の人工肉市場は17年の800億円から20年に1,200億円、23年に1,500億円に拡大するといわれています[81]。2019年 5 月 1 日にIPOを果たした、肉代替製品を製造する米ビヨンド・ミートの株価は公開初日で公開価格から163％の伸びを示し、 1 カ月で株価は 7 倍にも上昇しました。投資家には環境問題や社会課題解決に関心の高いビル・ゲイツやレオナルド・ディカプリオといった著名人も多いようです。

　では、なぜ植物肉に注目が集まるのでしょうか？　それは、肉の精製過程を考えるとわかります。たとえば、アマゾンの森林破壊の原因の 1 つは畜産業のための牧草開発です。肉 1 kgの生産に必要な飼料用穀物は牛肉で11kg、豚肉で 7 kg、鶏肉で 3 kgといわれていますが、穀物 1 kgの生産に必要な灌漑用水は1,800リットルにも達します[82、83]。国内の畜産業ではそうした穀物飼料の大部分を輸入に頼っていることから、輸入に伴うCO_2も一定以上排出されるでしょう。加えて、世界の人為的メタン排出の37％は家畜に起因しているといわれています。このような畜産におけるさまざまな環境負荷こそが植物肉への関心を高めているといえるでしょう。

　畜産業が抱えるこれらの課題を解決するという意味も含め、植物肉ビジネスは単純にベジタリアンの方のための製品ではありません。まさにSDGsが包含する環境問題、社会課題の解決に一役買うものであり、これから伸びる新市場としてとらえられているのです。

本書を手に取っていただいたみなさんは、今現在働いている、いないを問わず、金融や経済におけるトレンドを理解し、中長期的な視点でキャリアの形成やライフスタイルについて考えていきたいと思う方が多いのではないでしょうか。その意味では、**2030年までにSDGsが目指す、持続可能な社会の絵姿は、これからのキャリアやライフスタイルを考えるにあたり、1つの大きな物差しになることでしょう。**次節からはSDGsの最終年である10年後の社会に向け、変わりつつある「投資」「消費」「教育」「働き方」のお話をしていきます。

投資が変わる

インパクト投資：リスク、リターンの次の軸

　昨今、多くの企業が事業活動や社会貢献活動を通じて、地域社会、従業員、消費者等への責任を果たし、第4章で述べたESGに関する取組みを進めています。個人のレベルでも、ボランティア活動や社会課題の解決型の起業をする若者も現れるようになりました。このようにSDGsに包含される環境問題、社会課題の解決を目指すことは、企業や個人を問わず、当たり前の社会になってきたともいえるのではないでしょうか。こうした考えが「投資」にも影響を与えています。これまで、「投資」といえば、「投資金額に対してどの程度の財務的リターンが見込めるか」「どの程度の不確実性というリスクを有するか、または排除できるか」という、リスク・リターンの二軸によってその投資判断がなされてきました。昨今、ここに新たな軸としてインパクトという評価を加えた、インパクト投資（または社会的インパクト投資）と呼ばれる投資手法があります。一般的な投資との

違いは、経済的リターンと並行して、社会や環境への良いインパクトを創出する意図があるということになります。つまり、**投資判断において、従来のリスク・リターンの二次元の評価が、リスク・リターン・インパクトの三次元の評価に変わる**のです。

　インパクト投資の具体的な例で考えてみましょう。たとえば、新生銀行グループの新生インパクト投資、社会的投資推進財団、みずほ銀行が2019年6月に立ち上げた、「日本インパクト投資2号ファンド」[84]というファンドがあります。同ファンドは、子育て・介護・新しい働き方に関連した事業を営むベンチャー企業を投資対象としており、1件当たり1〜5億円程度の規模で投資するものです。ファンドとしての経済的リターンを確保することを目指しながらも、より良い子育て・介護、柔軟な働き方の実現といった社会的リターンの両立を目指しているのです。

　最近では、個人の投資家としてみなさんがインパクト投資をすることができる金融商品も増えています。たとえば、2016年に設立されたネクストシフトではインパクト投資事業を行っています。同社が運営するソーシャルレンディングのプラットフォームである「ネクストシフトファンド」では、カンボジアやモンゴルの途上国で融資を必要とする企業や個人に対し、投資というかたちでお金を貸し出しています。そして、返済金利の一部を個人の投資家に分配する仕組みになっています（図表5−3参照）。つまり、国内にいながら、海の向こうの途上国の零細企業や農家の生活レベルの向上や雇用の創出、事業の拡大という社会的インパクトの創出に投資を通じて貢献することができるのです。

　第3章では、主な金融商品を通じたお金の運用について学びましたが、そこにこうした「インパクト」という視点が加わることで、また違った運用の選択肢も生まれてくるのではないでしょうか。

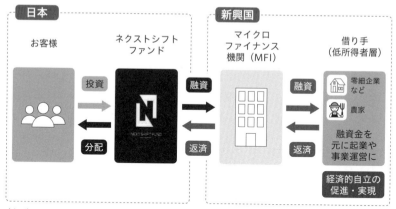

図表 5-3 ネクストシフトファンドの構成

（出所）　ネクストシフト

クラウドファンディング：共感に投資する

　クラウドファンディングとは、英語で群衆（crowd）と資金調達（funding）をあわせた造語であり、インターネットを通して個人のボランティア活動から大企業の新規プロジェクトまで、その内容に共感した個人の支援者から資金を募る仕組みです。その分類は、一概にクラウドファンディングといっても、購入型のような商品取引的な位置づけにあるものから、寄付型といった個別プロジェクトへの支援、融資型や株式投資型といった金融商品的な位置づけが強いものまでさまざまです（図表 5 - 4 参照）。前述したネクストシフトのソーシャルレンディングは、広義なクラウドファンディングの一種だといえます。そのなかでも融資型、または貸付型のクラウドファンディングに分類されます。クラウドファンディングを通じた国内の資金調達額は、2018年で約2,000億円超という調査結果もあります。その資金使途も多様で、社会貢献活動、芸術、イベント、災害復興支援のような社会性の強いものから、商品開発、不動産投資、未上場株投資など投資色の高いものまで、大小さまざまなプロジェクトの資金調達に利

分類	概要	代表的な クラウドファンディング事業例
購入型	支援者は金銭以外のモノやサービスといったリターンを受け取れる（売買契約と同様）	READYFOR、makuake、CAMPFIRE等
寄付型	支援者は個別のプロジェクトを選択し、寄付をする	JAPANGIVING、A-port、Yahoo!ネット募金等
融資型 （貸付型）	支援者から集めた資金をクラウドファンディング事業者が企業や金融機関へ融資し、その元本＋返済金利を支援者に返済する	maneo、クラウドクレジット、SBIソーシャルレンディング等
株式投資型	支援者は株主として、ベンチャーや未公開企業に少額投資し、IPOやM&Aの際にそのリターンを受け取る	FUNDINNO、ユニコーン等

図表 5-4　クラウドファンディングの種類^(注)

(注)　特定商取引法、金融商品取引法等の関連法規の改正によって分類や概要に変更が生ずる可能性があります。
(出所)　公開情報から著者作成

用されています。

挑戦を支えるクラウドファンディング

　読者のみなさんが、クラウドファンディングのウェブサイト上に起案された事業を応援する立場になる場合もあれば、もちろんその逆もありえます。つまり、みなさんがやりたいプロジェクトを起案し、共感を獲得し、投資を受けることも可能です。こうした仕組みが世の中へ普及していくことが意味するのは、私たち個人が何か新たな挑戦のための資金が必要になった時、金融機関からの借入れという伝統的な資金調達以外の選択肢が生まれたということです。実際に、購入型クラウドファンディングにはたくさんの個人、しかも著名人ではない一般の方々の挑戦が多数掲載されています。もちろん手軽に起案ができる一方で、悪い側面もあります。クラ

ウドファンディングは金融機関からの資金調達に比べれば、審査ハードルが低く始められるため、資金調達側のモラルの問題が指摘されたり、資金調達者と支援者間のコミュニケーションの齟齬が指摘されたり、インターネット上で炎上したり、といった案件もあります。それでも、私たちが何か**新しい挑戦を始めるとき、共感してくれる応援者と資金を募るための新しいプラットフォームが普及しつつあること**は素晴らしいことです。2030年の社会では、大小問わず、さまざまな挑戦が生まれ、それを支えるプラットフォームとしてのクラウドファンディングがさらに普及しているでしょう。

消費が変わる

拡大するシェアリングエコノミー

経済産業省が2019年9月に実施した「シェアリングエコノミーに関する実態調査[85]」によれば、2018年のモノ、場所（民泊除く）、スキル等のシェアリングエコノミーの年間取引額は、1兆4,547億8,900万円となっています。これはシェアリングサービスの利用者が提供者またはシェアリングプラットフォームに支払われた金額の合計です。シェアリングサービスの普及要因としてはソーシャルメディアやスマートフォンの普及といった技術的な変化や、副業や兼業の促進によるスキマ時間の有効活用といった社会的な変化があります。加えて、シェアリングサービスの主たる担い手である若い世代の消費に対する価値観の変化がそれを後押ししています。

近年、「モノ消費」から「コト消費へ」という言葉を耳にしたことはないでしょうか。「モノ」の所有に価値を見出す消費傾向を「モノ消費」、商

品やサービスを購入したことで得られる「コト」に価値を見出す消費傾向を「コト消費」といいます。わかりやすい例をあげると、個人が好みの色やデザインの車を購入することが「モノ消費」であり、車は移動という目的が達成できれば車種は問わない、という考え方が「コト消費」になります。シェアリングサービスは「コト」を重視する利用者からすれば、低コストで効率的に目的を達成する手段なのです。

社会インフラとしてのシェアリングサービス

　こうした変化が生み出す新しい経済の普及促進を政府も後押ししています。2019年7月に日本政府が公表した『成長戦略2019』『まち・ひと・しごと創生基本方針2019』[86]には、いずれにもシェアリングエコノミーが重点施策として位置づけられているのです。具体的には、地域社会で必要とされる公共施設の再編と財政の健全化を両立させることを目的に、遊休施設、空き店舗、空き家などの地域資源を企業、住民が共用するための積極的なシェアリングエコノミーの導入が記載されています。長期的にみれば、人口減少、少子高齢化、労働力不足が進む日本においては、いかにして一人ひとりの生産性を上げていくかが経済を支える重要なキーワードです。シェアリングサービスを通じ、遊休資産となっている既存ストックを活用することは、効率性の観点からも無駄のない、重要な経済活動の1つとしてとらえることができるでしょう。

　地方自治体が抱える人口減、税収減に伴い、公共サービスの低下といった社会課題の解決の糸口としても注目されています。シェアリングサービスはこの先10年後には生活に必要不可欠な社会インフラとしての機能をより強く帯びていくことが予想されます。その時には、**私たち一人ひとりがシェアリングサービスの利用者としてだけではなく、何らかのスキルやリソースの提供者、生産者としても活躍できるスキルを身に付けておくことが大切**なのではないでしょうか。

エシカル消費が企業を動かす

　「消費」に関する変化として、エシカル消費（倫理的消費）という考え方があります。消費者庁の定義によれば、「消費者それぞれが各自にとっての社会的課題の解決を考慮したり、そうした課題に取り組む事業者を応援しながら消費活動を行うこと」とあります[87]。諸説ありますが、元々は、1980年代にイギリスで環境や社会への不適切な対応がみられる企業に対する不買運動のための情報誌として「Ethical Consumer」が発行された後、エシカル消費に関連する企業の製品を積極的に選択して買う運動が広がっていったようです。エシカル消費の考え方がより普及しているイギリス国内では1999年に112億ポンドであった市場が、2018年のレポートでは約4倍となる411億ポンド（約54兆円）まで拡大しています[88]。

　冒頭で紹介したSDGsの17の目標でいえば、エシカル消費はまさに「目標12　つくる責任　つかう責任：持続可能な消費と生産のパターンを確保する」に該当する取組みです。SDGsが目指す経済成長と持続可能な開発を両立するには、企業が商品を生産する方法、個人が消費する方法の両面を変えなくてはならない、ということです。第4章において、消費者の視点から企業のESG側面の取組みをみることについて言及しました。国内における一般人の年間消費はGDPの約6割を占める非常に大きな経済活動です。それを鑑みれば、個人消費がより社会や環境に配慮したエシカルなものに変わることで、企業の生産活動に対してもより持続可能な方向へ向かうように大きな影響力をもつことが可能なのです。

「エシカル」なチョコレートとは何か

　一般的な製造業においては、その事業活動を、原料の調達→製造→出荷物流→販売・マーケティング→サービス提供というバリューチェーンというかたちでみることができます。つまり、ある製品が「エシカルである」というためには、企業活動のこうしたプロセスにおいてエシカルであるこ

とが必要です。

　例として、チョコレートで考えてみましょう。チョコレートの製造には原料であるカカオ豆の調達が欠かせません。しかし、そのカカオ豆の栽培に児童労働や、規定量超の農薬使用、栽培農家の不当な買い叩き、農園拡大のための森林破壊といったさまざまな問題が絡んでいることが途上国を中心に過去大きく取り上げられました（現在も一部地域では問題未解決）。2000年代初期には、チョコレート製造に携わる多国籍企業に対し、消費者団体による批判と不買運動が強まりました。その結果、2002年には、国際的なイニシアティブが発足し、米国政府やILO、労働組合、NGO、消費者団体などによって児童労働予防プロジェクトの開発が開始されたのです。その後、児童問題や森林破壊などがない、倫理的で持続可能な生産プロセスで製造されたカカオ豆に対し、UTZ、フェアトレード、レインフォレスト・アライアンスといった外部機関の認証を取得した原料調達が行われるようになりました。こうした経緯から、現在米チョコレート製造大手のMarsでは、2025年までに調達するカカオ豆の100％を認証されたものにすることを目標に掲げています。同様の目標をNestléやHershey'sも掲げており、その取組みが進んでいます。つまり四半世紀をかけて、エシカルな消費者の活動が企業の生産活動を持続可能な方向へと変えた１つの例とい

图表 5-5　**チョコレートが販売されるまで**

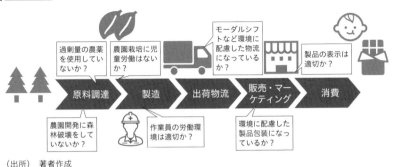

（出所）　著者作成

えるでしょう。

　このような、消費者の声がやがて大きな活動となり、製品を製造する企業の活動をより良い方向へと変えていった事例は、チョコレートにとどまらず、衣料品、スポーツ靴、コーヒー豆、毛皮・皮革製品など、歴史を振り返れば例に事欠きません。繰り返しになりますが、**一人ひとりの消費活動がより社会や環境に配慮したエシカルなものに変わることで、企業の生産活動をより持続可能な方向へと働きかけることができるのです。**

教育が変わる

変化に負けない「生きる力」

　次は「教育」の変化についてです。本書を執筆した2020年は、新しい学習指導要領が運用される初年度です。「学習指導要領」とは、全国どこの学校でも一定の水準が保てるよう、文部科学省が定めている教育課程（カリキュラム）の基準を指し、10年に1度改訂されるものです。なぜ改訂するかというと、学校は社会と切り離された存在ではなく、社会のなかにあるものであり、グローバル化や急速な情報化、技術革新など、社会の変化を見据えた場所であるため、と文部科学省は述べています[89]。

　読者のみなさんの多くはすでに義務教育を修了された成人の方が多いのではないかと思います。その意味では、直接的に自分とは関係がない、または、自分の子どもの教育の話だと思う方もいらっしゃるでしょう。しかし、10年後の社会で生きていくために必要とされる資質や能力を知ることは私たち自身のキャリアにとっても重要なことではないでしょうか。そもそも新学習指導要領は子どもたちに「生きる力」を育むことを大切にして

います。そのために身に付ける資質・能力として、「実際の社会や生活で生きて働く知識や技能」「未知の状況にも対応できる思考力、判断力、表現力など」、そして「学んだことを人生や社会に生かそうとする学びに向かう力や人間性など」の３つをあげています。すべての教科において、この３つの柱に基づく子どもたちの学びが設計されているのです。

　これらの３つの資質・能力をバランスよく身に付けるために、これまでの国語、算数・数学、理科、社会といった教科分野に加え、これから重視する教育として、「プログラミング教育」「外国語教育」「道徳教育」「伝統や文化」「主権者教育」「消費者教育」「特別支援教育」「体験活動」「キャリア教育」「起業に関する教育」「金融教育」「防災・安全教育」「国土に関する教育」と、多彩な項目があげられています。もちろん、これらすべての内容は義務教育だけで完結できるものではありません。政治経済、社会環境が刻一刻と変わるなか、高校、大学、社会人と継続して学ばなければならないものです。本書の目的も、ここでいう金融教育、消費者教育、キャリア教育の一部である点はすでにご理解をいただいているかと思います。

　ここで、著者の頭に浮かぶのは「VUCA（ブーカ）」という単語です。VUCAとは、英語の「Volatility（変動性）」「Uncertainty（不確実性）」「Complexity（複雑性）」「Ambiguity（曖昧性）」の頭文字を取った言葉で、現代社会のあらゆるものを取り巻く環境が複雑性を増し、想定外の事象が次々と発生するために、将来予測が困難な状態を指す言葉です。もともとは軍事活動で使われていた用語だそうですが、世の中が予測不可能になるにつれ、数年ほど前からビジネス文脈でもよく使われるようになりました。このような社会で、私たち一人ひとりが真にビジネスで活躍するためには、臨機応変に自分で考えて行動する主体性、変化を新しい挑戦ととらえ、好奇心をもって学び続けることが求められるようになります。本書を執筆している2020年前半、まさに全世界に新型コロナウイルス感染症が拡がっていきました。数カ月前は誰もがこのようになることは想定しておら

ず、現時点で１年後にどうなっているのかすらまったく予測ができません。こうした想定外の出来事は、気候変動、国内外の政情不安、貿易問題、難民問題など、残念ながら今後もより頻度をあげて発生することが想定されます。**そのようなVUCAな社会を「生きる力」を身に付けなくてはならないのは、子どもだけではなく私たち成人にも当てはまるのです。**

新学習指導要領とSDGs

　最後にもう１点、今回の学習指導要領の改訂の特徴である「持続可能な社会の創り手の育成」についてその前文の記述をご紹介したいと思います。

> 「これからの学校には、……一人一人の生徒（幼児・児童）が、……自分のよさや可能性を認識するとともに、あらゆる他者を価値ある存在として尊重し、多様な人々と協働しながら様々な社会的変化を乗り越え、豊かな人生を切り拓き、持続可能な社会の創り手となることができるようにする……ことが求められる。(後略)90」

　このほか、社会科や、理科、家庭科、道徳など各教科分野の至る所に、「持続可能な社会」の構築に向けた取組みが掲げられています。地理や歴史を通じて国際的な視座をもつこと、科学技術を通じ自然環境の保全へ配慮すること、消費生活における工夫を身に付けること、などです。言い換えれば、子どもたちが学習を通じて、世界の環境問題や社会課題と自分との接点を見つけ、「自分ごと」として問題意識をもつことに重きが置かれているのです。本章の冒頭では、SDGsを取り上げましたが、**SDGsが示す17の目標すべてを達成するには、まさにこうした考え方や価値観を義務教育課程で醸成することが重要になってくるでしょう。**

　すでにこうした「持続可能な社会」の創り手であることを意識的、無意識的に理解し、さまざまなアクションに移している若い世代がたくさんい

ます。次節ではそうしたお話を紹介したいと思います。

社会を動かすミレニアル・Z世代

　ミレニアル・Z世代といったマーケティング用語があります。前者は、1981年から1997年生まれ、後者は1998年から2016年生まれの世代を指します（分類には諸説あります）。最近ではマーケティングの分野に限らず、政治や教育などさまざまな分野で世代別の特徴を考える際に使われる用語です。本書の読者の方はおそらくミレニアル世代に属する方が比較的多いのではないでしょうか。大まかではありますが、図表5－6のような特徴が浮かび上がります。

　こうした若者のアイコンで、2019年に世界で最も注目されたのは、北欧スウェーデンで「気候変動のための学校ストライキ（Skolstrejk för Klimatet）」を続けるグレタ=トゥンベリさんでしょう。2018年当時、15歳の中

図表5-6　ミレニアル世代とZ世代の特徴

ミレニアル世代　1981–1997年生	Z世代　1998–2016年生
・デジタルネイティブ（ガラケー、PC、スマホ、タブレット、変遷）	・デジタルネイティブ（いきなりスマホ、タブレット）
・メール、SNSを駆使したコミュニケーション	・SNSを駆使したコミュニケーションが中心
・消費からシェアリング、モノ消費からコト消費へ	・消費におけるインフルエンサーの影響が大きい
・結婚・出産後も働く女性が増加、ワークライフバランスを重視	・男女問わず、組織、場所、時間に捕われない働き方を希望
・リーマンショック（2007年）の経験から大手・ブランドへの信頼低下。起業、フリーランスへの転職も増加	・親世代のリーマンショック（2007年）の経験から大手・ブランドへの信頼低下。起業、フリーランスが増加
・環境問題や社会課題への関心が高い。成長期の9.11（2000年NYC同時多発テロ）、3.11（2011年東日本大震災）の記憶・体験がある	・成長期に、環境問題、社会課題に直面し、義務教育のなかで学習してきている「SDGsネイティブ」である

（出所）　各種資料に基づき著者作成

学生だった彼女は世界各国が気候変動対策への適切な行動をとっていないことに憤り、同年5月に国会議事堂前で座り込むストライキを起こしました。この活動はSNSを通じて瞬く間に全世界に拡散され、若者主導による気候変動対策に抗議する世界的なデモとして広がっていったのです。グレタさんはそうした取組みが認められ、それ以降、2018年のCOP24（第24回気候変動枠組条約締約国会）、2019年のダボス会議の気候変動セッションや、9月のNYでの国連総会に参加などさまざまな国際会議で引っ張りだことなりました。

若い世代が「採用」を変える

　グレタさんまで突き抜けた行動には至らなくとも、「社会課題や環境問題に企業が向き合うのは当たり前だ」「個人ではできないが、会社の事業を通じて社会に貢献していきたい」と感じる若い世代は国内でも増えています。ここにいち早く反応したのは企業の人事採用担当ではないでしょうか。最近では学生向けの就職情報誌においても「企業選びの新基準」として、SDGsやESGの取組みが特集され、就活イベントまで開催されるようになっています。著者はこれまでさまざまな企業向けにSDGsに関するセミナーや勉強会を実施してきましたが、昨今SDGsやESGに取り組む理由の1つに、「人材獲得の観点で、若者から選ばれる会社になる」「若い世代の従業員のエンゲージメントを上げる」という意見を聞くようになりました。

　エンゲージメントとは、直訳すると約束ですが、この場合は、従業員の会社に対するロイヤリティや忠誠心のようなものを意味しています。従業員のエンゲージメントが高ければ高いほど離職率は下がるという調査も多くあります。

　デロイトトーマツが実施したミレニアル年次調査[91]によれば、「いまの雇用先を2年以内に辞める」と考える国内ミレニアル世代は49％、Z世代に至っては64％にのぼります。また、「いまの雇用先で5年以上勤続す

る」と考えるミレニアル世代は25％、Ｚ世代に至ってはわずか10％にとどまっています。「自分の会社ははたしてどのように環境や社会に貢献しているのだろうか」、といった若い世代の関心事項に耳を貸すことができない企業からは、今後徐々に人材が離れていってしまうのではないでしょうか。

　企業側でも若い世代の人材獲得に積極的になっています。2019年８月、ミドリムシを活用した食品、化粧品製造、バイオ燃料の開発を展開するユーグレナ社は、Ｚ世代である18歳以下のCFO（Chief Future Officer：最高未来責任者）とCFOをサポートするサミットメンバーの募集を発表しました。東証上場企業の経営幹部を新聞広告で公募するという新たな試みに対し、約500人の応募があったなか、CFOに選ばれたのは当時17歳の高校２年生の女子生徒と、８名のサポートメンバーでした。株主総会や同社がかかわる国際会議に登壇し、SDGs（持続可能な開発目標）の啓発を行うようです。同社では、これまでも環境問題や社会課題の解決を目指した事業を展開してきましたが、「未来を決める、未来を考える、未来を生きる人たちと経営をしたい」と考え、持続可能な社会をつくるための一環としてこのポストを設けたといいます。

　2030年の世界では、世界の労働人口の約4分の3をミレニアル、Ｚ世代が支えることになります（少子高齢化が進む日本では国内の労働人口の約２分の１です）。まさに本書を手に取っていただいている読者のみなさんが、社会と経済を担う中核的な存在になるのです。

働き方が変わる

働き方の未来　2035年

　次に「働き方」の変化についてです。2016年8月、第3次安倍第2次改造内閣の発足とともに、一億総活躍社会実現のための働き方改革担当大臣が任命されました。そして、これとほぼ同時期に厚生労働省は、「働き方の未来2035年〜一人ひとりが輝くために〜」という報告書[92]を公表しました。本報告書の内容は、有識者や起業家による年12回の懇談会の結果をまとめたもので、2035年の社会における技術の活用方法を予測したうえ、「新しい働き方」「制度のあり方」「生涯教育のあり方」を提言した構成になっています。特に、全体を通じて、これまでの**組織の一員として働くことが主流だった社会**から、**個人で働ける社会になったときに、一人ひとりがどう輝けるか**が主なテーマになっています。記載内容を引用しながら内容を考えていきたいと思います。

　「（前略）2035年にはさらなる技術革新により、時間や空間や情報共有の制約はゼロになり、産業構造、就業構造の大転換はもちろんのこと、個々人の働き方の選択肢はバラエティに富んだ時代になるに違いない。（中略）そしてこの技術革新は、企業業績だけでなく、働くすべての人々に大きな恩恵を生み出し得る。それは、働く場所に関する物理的な制約がなくなり、多くの仕事が、いつでもどこでもできるようになるからだ。（後略）」

　「2035年の企業は、極端にいえば、ミッションや目的が明確なプロジェクトの塊となり、多くの人は、プロジェクト期間内はその企業に所属す

るが、プロジェクトが終了するとともに、別の企業に所属するという形で、人が事業内容の変化に合わせて、柔軟に企業の内外を移動する形になっていく。その結果、企業組織の内と外との垣根は曖昧になり、企業組織が人を抱え込む「正社員」のようなスタイルは変化を迫られる。」

　2016年時点の報告書ではありながら、新しい働き方への未来を感じる内容だったのではないでしょうか。実際、この報告書の公表後、働き方改革や人手不足を背景に、副業人材を受け入れる企業や、自社従業員のスキルアップを目的に副業を推奨する企業が徐々に増えています。こうした動きを加速させる要因には、厚生労働省が2018年1月に「副業・兼業の促進に関するガイドライン[93]」を公表し、副業・兼業の普及促進に舵を切ったことがあげられます。加えて、多くの会社が就業規則を作成する際の参考とする「モデル就業規則[94]」も改訂されました。同規則第11条にあった「許可なく他の会社等の業務に従事しないこと」といった内容が削除され、その代わりに第67条に「労働者は、勤務時間外において、他の会社等の業務に従事することができる」といった内容が追加されています。
　このような政府の方針転換の一方で、それに躊躇する声もまだ多いようです。経済産業省関東経済産業局が関東近郊の8,000社を対象に2018年7〜8月に行った調査[95]では、大企業、中小企業ともに「（副業の解禁に）取り組む予定はない」とする回答が、全体の約8割に達しました。その理由として、約7割の回答者が従業員に「業務に専念してもらいたい」「疲労による業務効率の低下が懸念される」ということをあげています。

関心が高まる副業・兼業という働き方

　こうした企業側の懸念とは裏腹に、個人の副業への関心は特に若い世代を中心に高まっているようです。2018年にパーソル総合研究所が発表した「副業の実態・意識調査」[96]によれば、正社員で現在副業している人は

10.9％、現在、副業を行っていないが、今後副業したい人は41.0％です。非副業者を年代・性別にみると、すべての年代で女性の意欲のほうが高く、若いほど副業意向が高いという調査結果となりました。加えて、同調査によれば現在副業を実施している人の動機の上位には「収入補填」に関する回答が多く、次に多いのが「自己実現／スキルアップ／活躍の場の拡大」に関するものがあげられています。興味深いのは、副業の動機を本業の年収別でみると、高収入層であるほど、スキルアップ目的、自己実現目的が多いという点です。現在の仕事の満足度が高い方ほど、副業希望率が高いといった調査結果もあるようです。つまり、**副業は単に収入の補完目的としたものではなく、個人の経験・ネットワーク獲得、スキルアップにつながる行動として、人生100年時代の新しい働き方における重要な取組みとしてとらえられつつあるのです。**

Box 5　事例：タニタ社　企業による新しい働き方の促進

　健康機器大手のタニタ（東京・板橋）では、2017年に新しい働き方の制度を導入しました。「日本活性化プロジェクト」と銘打った制度で、タニタの社員が独立を希望する場合、一度退職し「個人事業主」として、それまでに行っていた業務内容をベースに業務委託契約を結ぶというものです。また収入については社員時代に得ていた収入と同程度を確保したかたちとなります。谷田千里社長[97]の著書によれば、働き方改革を単なる残業削減や有給消化に焦点を当てたものとするのではなく、働きたい人が思う存分働くことができ、適切な報酬を受け取れる制度をつくりたいと考えたことから本制度を導入したそうです。

　本来、国内で働き方改革が始まったきっかけは、少子高齢化で労働生産人口が減るなか、一億総活躍できるよう生産性を高めることが目的でした。その意味では労働時間の長短ではなく、個々人の業務に対する主体性に重きを置いたという意味で、非常に画期的な制度だといえるでしょう。

このようななか、副業で「仕事を頼みたい人」と「仕事をしたい人」を
マッチングするWebサービスや人材紹介サービスなども増加していま
す。先ほどあげた副業の理由である収入補塡やスキルアップ以外にも、副
業を起業や転職の準備段階として、または個人事業における仕事がないイ
ンターバル期間を補塡するものとして活用する人も増えています。たとえ
ば、株式会社Warisでは女性のフリーランスやパラレルキャリア向けの
ジョブマッチングサービスを提供しています。広報、マーケティング、人
事など個人が保有する高い専門スキルを企業の事業成長に活かすため、個
人と企業のマッチングを提供しています。たとえば、すでに起業した方が
個人事業の売上が安定するまで、週2、3日をこうしたサービスで紹介さ
れたお仕事を続けるといった働き方をする人も増えているようです。

　本書執筆中、新型コロナウイルスの世界的流行によって、国内でも多く
の働き手が感染防止のためにリモートワーク環境へ切り替えるケースが増
加しました。オンライン対応可能なイベントやWebinarの開催も急速に増
え、リモートワークがこれまでにない速さで広がりつつあります。**リモー
トワークの普及により、時間、場所を気にしない働き方が当たり前になれ
ば、先に示した厚労省の報告書が示す未来にもあるように今後さらに副業を
受け入れる企業、副業に関心をもつ個人が増えていくことでしょう。**

女性の起業は緩やかに増えている

　新しい働き方について考えると、少し遠いように思っていた「起業」と
いうキャリアの選択肢が少し身近に感じられるようになった方もいらっ
しゃるのではないでしょうか。SNSやメディアによく登場する若手の社会
起業家や、先にあげたグレタさんのような活動家の姿をみると、「自分は
あのようにはなれない」と「そんなに若手ではない」と思い気が引けてし
まう方もいるかもしれません。しかし、そうした若くして輝いている方た
ちは実は起業家のなかでもほんの一握りです。

　創業支援や中小企業への事業支援を行っている日本政策金融公庫が毎年

実施する「2019年度新規開業実態調査」[98]の結果によれば、同公庫を活用して開業する融資先のなかで、開業時の年齢は「40歳代」が36.0％と最も高く、次いで「30歳代」が33.4％だそうです。また、開業直前の職業は「正社員・正職員（管理職）」の割合が38.3％と最も高く、次いで「正社員・正職員（管理職以外）」が32.1％となります。つまり、起業の主要な担い手は「40歳代」で一定年数を企業で勤務した経験がある方のようです。なお、開業者に占める女性の割合は全体の19.0％でした。20年前にさかのぼれば、1999年度では、12.5％であり、緩やかに増加傾向にあるものの、女性の起業についてはまだまだこれからのようです。

　しかし、出産や育児などのライフイベントによって、働き方の自由度が大きく影響される女性にとって、起業という選択肢はワークライフバランスを保つための有効な働き方のひとつではないでしょうか。これまで、多くのワーキングマザーは保育園の送迎や、家事、夫の残業・転勤といった家族の都合にあわせた就業条件に合う仕事を選択せざるをえない状況にありました。企業との雇用関係においては、そのような時間や場所の制約によって、キャリアを諦めたり、変更せざるをえないケースもこれまでは多かったはずです。一方で、**起業は自らが好きなこと、得意なことを仕事にすることができ、自分で働き方を決められるという点では、ライフイベントとの両立を可能にする働き方**でもあるといえるでしょう。

起業する女性を支援する動き

　とはいえ、同じく日本政策金融公庫による別調査の結果[99]では、起業に関心がない、という答えた回答のうち約6割が女性でした。こうした状況に手を打つかのように、女性の起業環境の整備については、政府もそれを後押しする施策を進めています。たとえば、経済産業省では、地域の金融機関や産業・創業支援機関等を中心とした女性起業家等支援ネットワークを全国10カ所に形成し、女性の起業を支援する体制を整備しています。2019年2月の時点で全国のネットワークに参加する企業・団体は550に達

しています。事業の潜在的なニーズがあるもののまだ明確に描けていない
ビジネスモデルの相談から、起業準備や資金調達の支援、創業後のビジネ
スマッチングなど多様なフェーズにいる女性の起業家たちを応援する仕組
みになっているのです。

　自治体レベルでも東京都では2018年からビジネス分野における女性活躍
の機運をいっそう盛り上げるとともに、新たな知識やネットワークの獲得
を促進するため、女性経営者等が一堂に会する「NEW（Network to Em-
power Entrepreneurial Women）CONFERENCE」を進めています。たと
えば、著名な女性起業家群をメンターとして事業計画やファイナンス、法
務など専門的な助言を得られるようなマッチングプログラムや、セミナー
やイベントを通じ、メンター陣からのさまざまな経験の共有を得られるよ
うな仕組みが提供されています。東京都のほか、複数の地方自治体でこう
した女性起業支援プログラムや共有のオフィススペース等を提供している
ところが増えています。

　こうした政府や自治体の動きに呼応し、金融機関でも女性の起業を支援
する融資制度が整備されつつあります。先にあげた日本政策金融公庫で
は、「女性、若者／シニア起業家支援資金」という融資制度があります。
女性または35歳未満または55歳以上の方が新規事業を開始する場合や、創
業後約 7 年までの場合に利用が可能です。このほかにも多くの地方銀行や
信用金庫が地場の女性の起業を支援するさまざまな融資制度や起業支援セ
ミナー等を提供しています。ご関心のある方はお住まいのある都道府県ま
たは市区町村レベルでの取組みをご自分で調べてみることをお勧めしま
す。

　海外に目を向ければ、ビジネスにおける女性の立場を支援する金融の仕
組みはさらに多様なものがみられます。2019年 1 月、米金融大手ゴールド
マン・サックスは新規株式公開の引受業務で、上場を希望する欧米の企業
に最低一人の女性取締役の選任を求めることを発表しました。言い換えれ
ば、女性が一人もいない企業の上場は支援しない、ということです。こう

した決定の背景には、上場企業のうち取締役に一人以上女性を起用している企業はそうでない企業よりも業績が「著しく良く」なる傾向があることを同社は述べています。こうした女性活躍を促進させる流れは今後企業の大小を問わず進んでいくことが想定されます。

2030年の社会では、いまよりもさらに企業へのハードルが下がり、副業をする人が増え、場所や時間の制約にとらわれない働き方がさらに拡大しているでしょう。そのような社会がやってくることを少しでも予見できれば、何か新しいことを学ぶ、新しいスキルを身に付けるといったアイデアが浮かんでくるのではないでしょうか。

新しい社会の仕組みを考える

ベーシックインカムとは何か

ここまで、SDGsの最終年でもある2030年の社会を見据えながら、投資、消費、教育、働き方に起きている変化について、考えてきました。言い換えれば、そうした変化は新しい社会の仕組みをつくるためのヒントととらえることもできるでしょう。

本章を締めくくる最後のトピックとして、新しい社会の仕組みである「ベーシックインカム」を例にあげたいと思います。ベーシックインカムとは、政府が国民全員に無条件で、生活に最低限必要な現金を支給する政策のことを指します。本書を執筆している2020年時点、猛威を振るう新型コロナウイルスにより多くの経済機能が停止し、失業者が急増した背景から、ベーシックインカムへの注目が集まりました。

ここで重要なのは、制度そのものではなく、なぜそうした制度導入が新

型コロナウイルス以前から検討されるようになったのかという点です。その背景には、貧困、経済格差の拡大、失業率の増加といった社会課題の深刻化があります。加えて、AIやロボットといった技術革新が進むことによって、これまで人が担っていた労働がAI等に置き換えられ、変化についていけない大量の失業者が発生するのではないか、という危惧が社会に広がりました。そうした**失業者をまとめて救済するために、個別の所得審査など必要ない一律のベーシックインカムを導入したほうが効率的なのではないか、と考えられている**のです。

ベーシックインカムがもたらす効果──フィンランドの事例

　2016年、北欧フィンランド政府が予算2,270万ドル（約25億円）をかけて2,000人の対象者にベーシックインカムの実証実験を開始しました。これは2年間にわたり政府が、毎月560ユーロ（約7万円）を無条件で支給するものです。この実験の目的はベーシックインカムの支給による国民の仕事への向き合い方の変化と、（当時失業率が8％であった状況から）労働市場へ人々を復帰させる方法を検討することといった2つを目的としていました。2019年2月に公開された暫定の結果報告によれば、実験の初年度の**雇用や所得に対しては直接的な効果がみられなかったものの、参加者の健康向上、ストレス低減、将来への安心感による幸福感の向上、には良い効果があった**といいます。そうした効果の一方、多額の原資を必要とするベーシックインカムの導入には批判も多く存在します。最も多いのは、貧困層への現金支給により仕事への意欲をそぎ、モラルハザードや生産性の低下という指摘でしょう。もちろん、ベーシックインカムのおかげで、廉価で劣悪な労働に頼らず、補助金申請する必要がなくなったことで時間が浮き、より良い仕事に就くことができた、という効果もあります。フィンランドにおける2年間の実験は惜しまれながらもその後中止となりましたが、経済格差が広がる世界中で、その効果と必要性は各地で継続して議論され続けています。

「誰一人取り残さない」社会へ ──────────●

　日本でもベーシックインカムを新しい社会保障の考え方として、近年急速に関心が高まり、過去には一部政党のマニフェストに採用された経緯もあります。第2章でもご紹介したとおり、日本では老齢年金や生活保護、失業保険といったさまざまな社会保障制度によって、所得がない人々を支える仕組みが用意されています。しかし、これらの給付申請は複雑な条件や、一定の審査もあることから、制度の理解が不十分なままに満足に受給ができず、憲法で保障されている「最低限度の生活」を送れない人も多く存在しています。厚生労働省[100]によれば、日本では生活保護受給者は2018年度末時点で約164万世帯、約210万人です。加えて、相対的貧困率という格差を計る指標でみれば、「世帯所得が国の可処分所得の中央値の半分に満たない人々」は、2016年時点の相対的貧困率は15.7%です[101]。つまり、日本ではおよそ人口の約6分の1、約2,000万人の人が平均以下の生活を送っていることになります。これは、日米欧主要7カ国のうち、米国に次いで2番目に高い比率です。

　投資、消費、教育、働き方に起きているさまざまな変化は技術の革新とグローバル化によってさらに加速するでしょう。他方、自然災害の増加や感染症の蔓延によって、世の中はさらに不確実な色を帯びていきます。こうした変化にすべての人がついていくことができるのでしょうか。その答えはNoです。本章の冒頭で触れた**SDGsの基本理念には「誰一人取り残さない」という考え方が根底にあります。私たちが新しい社会の仕組みを考えるとき、最も配慮しなければならないことは、自分さえ良ければよい、という発想ではなく、自分よりも弱い立場にある人々への配慮**です。社会に起きているさまざまな変化についていけなくなった人々を置いていくのではなく、どのようにして社会に包摂していくか。ベーシックインカムという制度はそうした視点を私たちに今一度考えるきっかけを提供しているといえるでしょう。

コラム❾

高学歴女性ほど出生率が低い理由

　日本総合研究所[102]によれば、学生時代の就職活動で、「将来、結婚・出産後に働き続けられそうな職場か否かを考慮して就職先を選んだか」という質問を行ったところ、大学難易度区分が上がるにつれてその傾向が強くなることが明らかになっています。仕事と家庭の両立を意識して就職活動を行う意欲は高いにもかかわらず、一人当たりの子どもの人数については、大学難易度区分が上がるほど、子どもの数が少なくなる傾向がわかっています。

　1つ目の理由としては、晩婚・晩産化の傾向があげられます。大学難易度区分が上がるにつれて、初婚年齢の平均値29.7歳、第一子出産年齢の平均値31.6歳となっています。最も大学難易度区分の高いグ

図表 5-7 大学難易度区分と有配偶者・一人当たりの子どもの人数

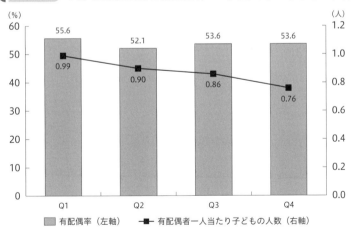

（注）　Q1＜Q2＜Q3＜Q4（最も難易度が高い）
（出所）「東京圏で暮らす高学歴女性の働き方等に関するアンケート調査結果（報告）（2015年）」（日本総合研究所）

ループは、その他のグループに比べて、総合職（事務系・理系）として働く割合が高くなっています（Q4　44.1％＞Q3　22.6％＞Q2 18.5％＞Q1　14.8％）。総合職は、企業が将来の管理職候補として採用をし、活躍の機会を与えられることが多い一方で、私生活の時間の確保がむずかしくなる可能性が高まるのだと想像できます。そのことが結果として、高学歴女性の晩婚、晩産の現状につながっているのだと考えます。

　2つ目の理由としては、家事分担の問題があげられます。最も大学難易度区分の低いグループでは、64.8％の世帯において、妻の年収が占める割合が20％未満となっています。大学難易度区分が上がるほど、世帯年収に占める妻の年収の割合が20％未満の世帯が減少し、40％〜60％を占める世帯が増加します。

　しかし、大学難易度区分が上がっても、妻の年収が世帯年収の60％以上を占める世帯の割合にほとんど変化がみられません。最も大学難易

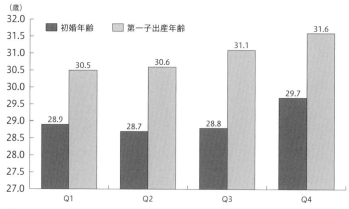

図表 5-8　大学難易度区分と平均初婚年齢・平均第一子出産年齢

（注）　Q1＜Q2＜Q3＜Q4（最も難易度が高い）
（出所）「東京圏で暮らす高学歴女性の働き方等に関するアンケート調査結果（報告）（2015年）」（株式会社日本総合研究所）

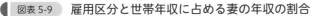

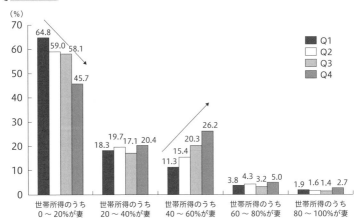

図表 5-9　雇用区分と世帯年収に占める妻の年収の割合

(出所)「東京圏で暮らす高学歴女性の働き方等に関するアンケート調査結果（報告）（2015年）」（株式会社日本総合研究所）

　度区分の高いグループでも、妻が世帯年収の60％以上を占める世帯は全体の7.7％にすぎないのです。高学歴な女性ほど共働きの傾向は高まるものの、女性が世帯主になる傾向はグループ間で差がないことが指摘できます。

　配偶者（夫）が世帯主であることは学歴区分問わず変わらないどころか、高学歴な女性ほど、配偶者（夫）も同様（あるいはそれ以上）に忙しいことが想像できます。このことからは、配偶者（夫）による家事・育児の協力が十分得られず、仕事と家庭の両立の負担が重くなると考えられます。

　仕事と家庭ともに両立させ、充実した生活を送りたい女性はどのようにすればよいのでしょうか。第 5 章では、働き方、稼ぎ方が変化したことなどもお話ししました。前述した調査結果はあくまでも過去のデータにすぎません。働きやすい職場環境づくりに向けた提案を行ったり、自身がそのような会社を興したり、主体的に動くことで、社会・企業に変化を生み出せるということも忘れてはいけません。

夫婦の家事・育児分担はなぜ問題になるのか

　日本は、諸外国に比べて夫が育児・家事参画を行う時間が少ないことが指摘されています。その主な原因としては、夫の長時間労働があげられますが、働き方改革関連法が施行され、企業側にとってはすでに時間外労働の削減はいまや必須です。しかし、夫の育児・家事参画の時間も比例して増えているという話を聞かないのも不思議だと思いませんか。

　内閣府[103]によれば、男性が家事・育児にかかわる時間を増やすためには、「残業が少なくなること」など男性の職場に関すること以外にも、「配偶者とのコミュニケーションの向上」「家事・育児のスキルの向上」などが必要とされています。実は、この男性の家事・育児のスキルというのが、家事・育児分担を行ううえでは非常に重要なのです。男性の家事・育児に関するスキルの低さは、夫婦の家事分担の意識のギャップや妻が夫に対して抱く不満の原因となります。

（注）　夫婦のなかには、家事は夫のほうが得意という方もいらっしゃるかと
　　　思いますが、ここでは一般的に妻よりも夫のほうが不得意という前提で
　　　お話ししています。

　国民生活産業・消費者団体連合会（生団連）[104]によれば、妻が夫にやってもらいたい家事と夫が得意な家事が異なることがわかっています（図表5−10）。さらに、妻が夫の家事のやり方に対して不満をもっていることも明らかになっており、たとえば、「予算度外視の高価な食材より家にある食材でつくってくれたらうれしい」「後片付けしながらつくってほしい」「シンクまわりが水でビチョビチョになっているので気をつけてほしい」などの不満をもっているのです。

　夫婦でうまく家事を分担するためには、時間という量と、夫のスキルという質、の両面から問題の解消に取り組む必要があります。

図表 5-10　妻が夫にやってもらいたい家事・夫が得意な家事の
ランキング

	妻が夫にやってもらいたい家事	夫が得意な家事
1 位	食器・調理器具洗い	洗う（洗濯）
2 位	休日の晩ご飯	ゴミ出し（7 位）
3 位	子どもと外出	食器・調理器具洗い
4 位	子どもの入浴	休日の晩ご飯
5 位	お風呂掃除	買い物（10位）
6 位	キッチン大物掃除	お風呂掃除
7 位	ゴミ出し	たたむ（洗濯）
8 位	布団干し	干す（洗濯）
9 位	干す（洗濯）	子どもと外出（3 位）
10位	買い物	子どもの入浴（4 位）

（出所）　国民生活産業・消費者団体連合会（生団連）「男の『ちょいカジ』マニュアル」（2016
年12月発行）をもとに著者作成

　時間という点では、家事・育児に携わる時間を増やすことがあげられ
ます。国内では、いまだに男性の育児休業の取得は進んではいません
が、企業側の意識は少しずつ変わりつつあります。育児休業を取りやす
いか取りづらいかという視点は、長い目でみた時に本当に働き続けたい
企業か、持続可能な企業なのかなど、勤め先を見極めるポイントにもな
ると考えます。

　なかには、育児休業の取得はしやすくても、会社で自分の居場所がな
くなってしまうのではないか、という不安を抱く男性もおられます。し
かし、共働き家庭であれば、上手に家事・育児の分担をして、妻が働け
る時間を増やすことは、家計のリスク分散につながります。本書執筆時
点では、新型コロナウイルスの発症で、世界各国で失業者が増加する
ニュースが報道されています。仕事をしている以上、想定外の出来事で
失業する可能性はゼロとはいえません。共働きは家計のリスクマネジメ
ントの 1 つであるという共通認識を夫婦でもつことも効果があるので

はないでしょうか。

　一方、質という点では、家事・育児に関するスキルを高めるための努力があげられます。料理であれば、料理教室に行く時間まで捻出できなくても、夫婦で一緒に料理をする機会を増やすことでも十分だと思います。勤め先が提供している福利厚生のメニューのなかで家事・育児を効率化できるサービスを夫婦で選び、家事・育児にかかわる負担の軽減を考えてみるのもよいでしょう。

　夫婦の家事・育児分担は、日本の社会でよく問題にされるので取り上げましたが、本来は、家事や育児は、ライフの１つであり、とらえ方次第では楽しみにもなります。テレワークができる仕事であれば、あえて都市部から少し離れたところに住み、ゆとりのある生活と都心部の仕事との両立もいまや夢ではなくなりました。将来、家事・育児分担の問題で、感情的ないさかいが夫婦に生じてしまったときには、小手先だけの分担ではなく、生活のあり方そのものを見直してみる機会ととらえてはいかがでしょうか。

第 **6** 章

すべての女性のために伝えたい
７つのメッセージ

　本書はこれで最終章になります。これまでライフイベントにまつわる
金融や経済のお話や、変わりゆく社会における投資、消費、教育、働き
方など新しいライフスタイルについてご紹介してきました。そうした知
識はすべて、読者のみなさん（または女性のご家族や友人、部下等）が
変わりゆく社会のなかで、自分ならではのキャリアを構築し、より豊か
な人生を歩むためのものです。本章はその締めくくりとして、７つの
メッセージを送ります。

1. 定期的に振り返り 自己分析しよう

変化する自分への
理解を深め
前にすすもう

2. 思い通りにいかなくても 前向きに！

うまくいかない…

ピンチは
チャンス！

3. 人生は転機の連続

引越　介護
病気
子育て
出産
結婚
仕事

4つのS視点で
向き合おう

4. 精神的・経済的 自立が 将来の自分を助ける

> わたしの人生を 受けとめるのは わたし自身！

夫婦でも 自分の口座を 持つ！

専業主婦には 経済的 価値がある！

5. 自分の実現したい社会に 向けて投資しよう！

自分がどんな社会で 暮らしたいのかイメージして 投資で社会に関わろう！

6. 持続可能な社会の 新たな主役に！

自分ごとに なってますか？

地球や社会の ために私が できること 小さなことからコツコツと

7. 社会の変化をおそれずに 自分らしい人生を！

あなたらしさを 大切に！

変化って ドキドキ ちょっと コワイ…

でも… 人も世界も常に変わる

Change is Chance！

1 　定期的に振り返り、　自己分析の機会を設けよう

　日常生活に追われていると、いつの間にか時間が過ぎてしまい、あるとき、自分の人生はこれで本当に良かったのか、自分のキャリアはこのままでよいのか、と迷うことは、誰でもあるのではないでしょうか。たとえ、新しいことにチャレンジしようと思って転職ができたとしても、また、同じような悩みや迷いに直面したとき、今度はどうやって乗り越えればよいのでしょうか。壁にぶつかるたびに、その環境から逃げ出せばよいのでしょうか。

　産業組織心理学を専門とするシャイン博士（Edger H. Schein）は、個人がキャリアを選択しなければならないときに、絶対に譲ることができない核があるとして、それを「キャリア・アンカー」と名付けています。シャイン博士[105]によれば、「キャリア・アンカー」は３つの要素で構成されるといいます。

　⑴自覚された才能と能力（さまざまな仕事環境での実際の成功に基づく）
　⑵自覚された動機と欲求（現実の場面での自己テストと自己診断の諸機会、
　　および他者からのフィードバックに基づく）
　⑶自覚された態度と価値（自己と、雇用組織および仕事環境の規範および
　　価値との、実際の衝突に基づく）

　もともとアンカーとは、船を停泊させるときに必要な錨のことです。つまり、人がキャリアを歩むうえで、譲れない、能力や欲求、価値観などによって構成された「キャリア・アンカー」が誰にでもあるということなのです。自分の「キャリア・アンカー」は、さまざまな生活や仕事の経験などを経て発見することができるもので、かつ、今後の人生経験によっては、アンカー自体が変化することも起こります。

では、「キャリア・アンカー」には、どのような種類があるのでしょうか。シャイン博士[106]は、「キャリア・アンカー」には、8 つの種類があると指摘しています。

図表 6-1　「キャリア・アンカー」の 8 つの種類

①専門・職能別コンピタンス	特定の領域で自分の技能を活用し、自分の技能に磨きをかける仕事によって、自分らしさが生まれ、そのような専門領域で挑戦課題を課されたときに幸せを感じる。
②全般管理コンピタンス	異なる能力をもつ人たちを集め、特定の組織単位が生み出す成果に責任をもつ仕事を通じて、期待どおりの成果が出たときに自分らしい仕事ができたときに幸せを感じる。
③自律・独立	組織に縛られずに、自分の裁量で、仕事の枠組みややり方を柔軟に決められるような仕事をしたいと感じる。
④保障・安定	雇用保障、年金、退職手当等、経済的安定に対する関心が強く、終身雇用の補償が得られる限り、組織側の要望は何でもやるという忠誠心をもつこともある。
⑤起業家的創造性	危険を負い、障害を乗り越える能力と意欲をもち、自分自身の会社や事業を起こすなど、社会に対して、頑張れば結果として事業を創造できることを証明したいと感じる。
⑥奉仕・社会貢献	住みやすい社会の実現、環境問題の解決や他社への援助など、価値のあることを成し遂げる仕事をしたいと感じる。
⑦純粋な挑戦	解決困難に思えるような問題の解決に取り組んだり、難しい障害を乗り越えるなど、不可能に打ち勝つ経験を求める。目新しさや変化、難しさ自体を目標にしたいと感じる。
⑧生活様式	個人的な欲求、家族の要望、自分のキャリア含め総合的にバランスを図ることを重視する。単なるキャリア上の成功より、もっと広い意味での成功を求めている。

（出所）　エドガー・シャイン著、金井壽宏訳『キャリア・アンカー　自分のほんとうの価値を発見しよう』
　　　　（白桃書房）より著者作成

175

職業経験を積み重ねている方であれば、引用文献等で取り上げている関連書籍等で自分の「キャリア・アンカー」を調べることができます。自分の「キャリア・アンカー」を知っておくことは、自分のキャリアを振り返るときに役立ちます。職業経験がない方が自己理解を深めたいときは、VPI職業適性検査などを始めとした、さまざまな適性検査もあります。就職活動などを機に、自己理解を深めたいと考えたいときには、専門家の助言を受けながら活用されるのも一案です。

　大切なことは、キャリアを歩んでいく間は、定期的に自己を振り返る機会をもち、自己理解を深めることです。定年になってからやりたいこともなくて、心にぽっかり穴が空いてしまうという話は、昔からよく聞く話ですが、定期的な振返りをしておくと、人生を軌道修正することができます。

　たとえば、自分が挑戦したいことなどを紙に書いておいて、毎年同じ時期に達成できたこと、できなかったことの確認に加えて、過去1年間を振り返って、うれしかったこと、人から喜ばれたことなどを確認していかれるのも振り返るための方法です。1年後に見てみると、案外達成したことの多さや、いままで気づかなかった自分の良さや強みに気がつくのではないでしょうか。

2　思い通りにいかないなかでも前向きな姿勢を

　キャリアについて考えると、「入社前のイメージと実際の仕事にギャップがあった」「急な部署異動でなじめない」「上司との関係がうまくいかない」など、みなさんさまざまな悩みをおもちだと思います。もちろん、悩

みの原因が残業の強制や賃金未払いといったいわゆるブラック企業の場合、いまの仕事を変えるという判断もあるでしょう。しかし、キャリアの途中では、「辛い」と感じる局面を乗り越えることで得られる成長があることも確かです。ではそのような「辛い」状況を、どうすれば前向きな姿勢に変えることができるのでしょうか。

　「計画された偶発性理論（Planned Happenstance Theory）」という考え方があります。米スタンフォード大学のクランボルツ教授（John D. Krumboltz）が提唱したキャリア理論の1つです。「個人のキャリアの8割は予想しない偶発的なことによって決定される」とし、その予期しない偶然の出来事にベストを尽くして対応する経験を積み重ねていくことで、より良いキャリアを形成していく、という前向きな考え方です。

　前節でご紹介したキャリア・アンカー理論とは異なるアプローチであることをお気づきでしょうか。キャリア・アンカー理論は、自分の興味、適正、能力などに基づいたアンカーに基づき、キャリアを歩んでいくものです。一方で、計画された偶発性理論では、変化の激しい時代において、あらかじめ設定したキャリアを達成することに固執し続けることは非現実的である、とクランボルツ教授が指摘しています。計画された偶発性理論で重要とされるのは、予測せぬ出来事（偶然）を無理に避けるのではなく、当人の主体性や努力によって最大限に活用することです。そして、偶然を待つだけでなく、周囲の出来事にアンテナを張り、自ら偶然をつくりだせるように積極的に行動し、計画的にキャリアのステップアップの機会へと変えていくべきである、というのが同理論の中心となる考え方です。

　有名な話ではありますが、Appleの創業者スティーブ・ジョブズ氏の話を例にあげます。スタンフォード大学での卒業式のスピーチで、スティーブ・ジョブズは「点と点のつながりは予測できません。後で振り返って点のつながりに気づくのです。いまやっていることがどこかにつながると自分を信じてください。その点がどこかにつながると信じていれば、自信をもって歩き通せるからです。それが人生に違いをもたらします」と話をし

ています。[107] 同氏は、若いころ大学の教育プログラムに関心をもてずに
中退し、その後興味のあるクラスにだけ飛び入りで聴講すべく、カリグラ
フィー（文字を美しく書く手法）の授業に参加していたそうです。当時、
自分の人生のなかでこれが実際に役立つとは思いもしなかったものの、こ
の経験が10年後に初めてMacのデザインをするとき、美しいフォントを内
蔵した初めてのコンピュータを生み出すきっかけとなった、と本人は語っ
ています。

　この考え方こそ、まさにクランボルツ教授が伝えたいことに通ずるもの
があるでしょう。計画された偶発性理論では、偶然を生み出し、チャンス
を呼び込むため、重要と考える5つの行動指針をあげています（図表6-
2）。言い換えれば、このような行動特性をもっている人、意識している
人にこそ、チャンスが下りてくるということでしょう。しかし、それらを

■ 図表6-2　偶然を引き寄せる行動特性と阻害要因

行動特性	阻害要因と考え方の例
①好奇心［Curiosity］ 　たえず新しい学習の機会を模索し続ける	「学びへの諦め」 例「もういい年だし……いまさら大学へ戻るのは気が引ける」
②持続性［Persistence］ 　失敗に屈せず、努力し続ける	「失敗への恐れ」 例「仕事が忙しいのに勉強を続けられるだろうか」
③楽観性［Optimism］ 　新しい機会は必ず実現する、可能になるとポジティブに考える	「状況変化への恐れ」 例「働きながら学校に行くことが社内で認められるだろうか」
④柔軟性［Flexibility］ 　こだわりを捨て、信念、概念、態度、行動を変えること	「未経験であることへの不安」 例「これまでの社会人経験でビジネスクラスで通用するのだろうか」
⑤冒険心［Risk Taking］ 　結果が不確実でも、リスクをとって行動を起こすこと	「保証のないことへのためらい」 例「高い授業料を払って元がとれるのだろうか」

（出所）　J. D. クランボルツ、A. S. レヴィン著、花田光世、大木紀子、宮地夕紀子訳『その幸運は偶然
　　　　ではないんです！』（ダイヤモンド社）をもとに著者作成

理解はしていても行動に移すことができないのが現実です。行動に移すためにはそれを阻害する要因をできるだけ明確にし、克服していくことが効果的と考えられています。たとえば、「ビジネスについて学びたいが、もういい年だし、いまさら大学へ戻るのは気が引ける」といった考え方は、まさに①好奇心を阻害している「学びへの諦め」という要因に当たります。

　こうした**阻害要因を克服し、いま向き合っていることが長期的には何かにつながっていくと信じること**で、「辛い」局面を前向きに乗り越えていくことができるのではないでしょうか。

3 人生は転機の連続である

　人生を生きていると、思い通りにならないことにたくさん直面します。希望していた大学に受からなかった、希望していた就職先に就職できなかった、結婚をしたかったけど結婚したいと思う相手に巡り会えなかった、出産後に仕事と家庭の両立がうまくいかずやむなく離職をした、突然異動の辞令が出て他の会社に出向となってしまったなど人それぞれさまざまでしょう。もしかしたら、転機とは、振り返ったときに思い出したくないことの連続だという方もいるかもしれません。

　メリーランド大学のシュロスバーグ名誉教授（Nancy K. Schlossberg）[108]は、「自分の役割、人間関係、日常生活、考え方を変えてしまうような人生途上のある出来事」を“転機（トランジション）”と表現しています。何か出来事が起こったときに、個人がその出来事を転機と認識すれば、その個人にとっての転機なのです。そして、誰一人まったく同じ転機に遭遇す

る人はいないのです。

　シュロスバーグ名誉教授は、この転機には３つのタイプがあるとしています。１つ目は、「予測していた転機」、２つ目は「予測していなかった転機」、３つ目は「期待していたものが起こらなかった転機」です。たとえば、「予測していた転機」であれば、大学卒業後は内定先に就職できたこと、「予測していなかった転機」は、勤めていた会社が業績不振で失業してしまったこと、「期待していたものが起こらなかった転機」は、希望の部署への異動ができると思っていたが辞令が出なかったことというとイメージがつきやすいかもしれません。

　転機が与える個人に与える影響は、転機の内容や複数の転機が一度に起こっているかなどによっても異なりますが、転機をいったいどのように乗り越えたらいいのか、という悩みをもつことは、誰にでも起こりうることです。そのようなときに、シュロスバーグ名誉教授[109]は、自分の転機がどのような転機なのかを見定め、転機を乗り切るための自分のリソースを点検し、転機を乗り切るための戦略や行動計画を立てることで、変化を克服できるといいます。

　そして、転機を乗り切るためのリソースとして、「４つのＳ」をあげ、これが個人の転機を乗り越える能力に大きな影響を与えていると指摘しています[110]。４つのＳには、Situation（状況）、Self（自己）、Support（周囲の援助）、Strategies（戦略）が含まれています。図表６−３は、それら４つのＳを整理した内容になります。

　具体的にイメージができるように、仕事と家庭の両立に直面をして悩む女性のケースに当てはめてみます。

　Ａさんは１カ月後に育児休業を終える予定です。保育園に子どもを預けて、夫婦で送り迎えを分担しながら、仕事へ復帰をするつもりでした。しかし、夫の転勤が急に決まってしまいました。将来は、管理職になってバリバリ働きたいＡさん、４つのＳはどのように整理ができるでしょうか。

　ここで４つのＳで整理をしてみたものが図表６−４です。あくまでも一

図表 6-3　4 つの S

4 つの S	内容
Situation（状況）	転機による変化（役割、人間関係、日常生活等）、自分がコントロールできる範囲、転機のタイミング、ストレスの程度など、転機に直面している状況に対する自分の評価
Self（自己）	転機に対するとらえ方、転機を自分がコントロールできると感じているか、人生に対する見方（楽観的か悲観的か）、転機や変化に対して柔軟に対処できるかなど、転機に直面している個人の内的資源に対する評価
Support（周囲の援助）	配偶者、家族、友人、同僚、組織など、周囲からサポートをしてもらうことができるか、利用できる機関や制度など、転機における個人の外的資源に対する評価
Strategies（戦略）	転機を変化させるような行動（交渉、助言、自己主張など）、ストレスへの対処、課題に応じて柔軟に戦略を選択するなど、現時点の対処方法に対する評価

（出所）　ナンシー・K．シュロスバーグ『「選職社会」転機を活かせ―自己分析手法と転機成功事例33』（日本マンパワー出版）をもとに著者作成

図表 6-4　4 つの S に基づく事例の整理

4 つの S	内容
Situation（状況）	配偶者は転勤について職場で交渉することは可能か、自分が職場でテレワーク制度の申請が可能か、一人で子どもをみる場合の夫婦の役割の変化等、そのような状況に対する自己評価
Self（自己）	現在の環境を自分で対処できると感じているか、自分自身をコントロールできると感じているか等、そのような自己の内的資源に対する評価
Support（周囲の援助）	夫および自分の職場の上司や人事部は相談に乗ってくれるか、夫および自分の父母は子育てを支援してくれるか、地域に子育てを支援してくれる組織はあるか等、そのような自己の外的視点に対する評価
Strategies（戦略）	支援をしてもらえる人や組織への協力の依頼、仕事と家庭の両立ができるために職場で活用できる制度の活用などを職場の上司への相談等、そのような対処方法に対する自己評価

（出所）　著者作成

例ですので、これが正解というわけではありません。

　転機に直面をしたとき、ショックで頭が真っ白になったり、感情的になって冷静な判断ができなかったり、という経験は誰にでも起こると思います。そのようなときに、**転機は必ず乗り越えられる、という前向きな気持ちをもちつつ、４つのＳの視点で、自分のリソースを整理することを思**い出してください。冷静な判断をすることで、転機をきっかけに人生を（長い目でみれば）プラスの方向に導くことができるはずです。

4　精神的・経済的な自立が将来の自分を助ける

　2015年９月28日からNHKで放送された朝ドラ「あさが来た」をご存知でしょうか。ドラマの主人公は、実在した実業家であり教育者である広岡浅子氏です。同氏[111]は、幕末時代から大正時代にかけて、女性ながらも買収した炭鉱事業の現場で働き、銀行や生命保険会社、日本で初めて女性のための大学の設立を支援した人物です。「あさが来た」は、番組全回平均視聴率が23.5％に達し、朝ドラとしては最高の視聴率[112、113]を獲得しました。ドラマの内容のおもしろさはもちろんのことですが、男女の差を乗り越えた彼女の自立した人生は、現代の女性たちにも多くの共感を与えたのだと感じます。「あさが来た」はあくまでも一例ですが、現代においても、自立した女性を描いたドラマや映画に対して、国内外問わず一定の指示が集まるのは、女性の自立がいまだに社会、あるいは個人の共通課題であると感じている人が多いからだと考えます。４つ目のメッセージでは自立を２つの側面から考えてみます。

　まず、女性が自立した人生を送るためには、精神的な自立が大切です。

本章の 3 つまでのメッセージの共通の土台となっているのは、人生を受け止めるのも自分自身であり、困難に直面したときにその困難に向き合い前向きに解決していくのも自分自身であるということです。ノースイースタン・オハイオ大学のマーク・サビカス名誉教授（Mark L. Savickas）[114]は、ありたい自分になるための方法として、キャリア・アダプタビリティを提唱しました。キャリア・アダプタビリティは、キャリアへの関心、キャリアの統制、キャリアの好奇心、キャリアの自信という 4 つの次元で構成されています。このなかにあげられたキャリアの統制とは、自分のキャリアを構築する責任は自分にあると自覚し、確信することを意味しています。自分の人生は自分が統制できると確信できるからこそ、自分の可能性や将来など、キャリアへの好奇心をもつことができるのです。女性はライフイベント等で迷いが生じることが多いかと思いますが、自分の人生、あるいはキャリアを統制するのは自分自身であることを認識することは重要なことだといえます。

　次に、精神的な自立を維持するためには、経済的な自立も大切です。世界20カ国以上の働く女性たちに向けて、キャリアアップのための著書を執筆したロイス・P・フランケル氏[115]は、自分の銀行口座をもつことの重要性を説いています。配偶者や雇用主に頼っている以上、職業選択の幅を狭め、自分の立場が弱くなるということを指摘しています。運悪く結婚した相手との関係が悪くなったときに、経済的に依存をしていれば、離婚の決断はよりむずかしく、第 1 章の章末のコラムでも取り上げましたが、離婚した後の経済的生活も楽ではないと思います。働いても経済力が十分にないと、人事評価ばかりを気にして職場のなかでの仕事の判断が鈍ったり、自分にとって不利な決断をしてしまったり、あるいは、もっと自分がやりたい仕事が見つかっても諦めてしまうということもあるかもしれません。経済的な自立ができていないということは、自分の人生の自由が制限されてしまうことが多いのです。

　このことは、専業主婦になることを決して否定しているわけではありま

せん。専業主婦であっても、夫から賞与の一部は生活費とは別にきちんと
もらい、自分名義で銀行口座の預入れができるようにするなど、経済的自
由を確保する手段はあります。米国の求人・求職情報提供会社「Salary.
com」[116]が母の日にあわせて試算をした専業主婦の年収は、＄162,581（為
替レポート110円とすると、約1,788万円）にのぼります。企業の家事サービ
スの時間単価表を見せれば、自分がやっている家事労働が経済的価値とし
て決して安くないことを夫に説明することもできます。

　働いているかいないかを問わず、経済的な自立を確保する姿勢をもつこ
とは、他者に自分の人生の決定権を握られないために大切なことなのでは
ないでしょうか。

　人生で楽しい時間が多いときは将来のことを真剣に考えることが後回し
になりがちですし、周囲に助けを求められる人がいるときは、自分一人で
悩みを抱え、大きな苦難に立ち向かうことは少ないかもしれません。しか
し、**日頃から自分の人生やキャリアを構築できるのは自分自身であるという
意識をもち、精神的な自立と経済的な自立を確立しておくことは、将来の自
分の人生を助けるためにおおいに役立つ**はずです。

5　自分の実現したい社会に向けて投資をしよう

　みなさんは、10年後、どのような社会で暮らしていたいでしょうか。
「平和な社会」「子どもが生き生きと暮らせる社会」「犯罪が少ない社会」
「便利な社会」「自然災害が少ない社会」など、さまざまあるでしょう。で
すが、変化の激しい時代において、そうした望ましい社会はただ待ってい
るだけでは実現するかはわかりません。政府やほかの誰かがそれを実現し

てくれるのを待つよりも、能動的に自分が思い描く社会の実現に向けて積極的にかかわっていくという考え方もできるのではないでしょうか。そのかかわり方の1つのスタイルが「投資」だといえます。

　第4章、第5章では、ESG投資や、インパクト投資という考え方に触れました。SDGsのような考え方が普及するにつれ、これからの投資の世界では、社会や環境に配慮した製品・サービスを提供する企業や、短期的収益だけではなく地域貢献などの長期的なインパクトを考えて事業展開する企業により大きなお金が集まるようになるでしょう。個人の投資においても、思い描く社会の実現に貢献している企業に投資することは私たち一人ひとりの大切な意思表示だといえます。逆にいえば自社の利益だけを追求し、社会や環境への影響を無視した事業活動を続ける企業に対しては投資をしない、またはもっている株式を売却するというのも一つの意思表示です。先に取り上げたチョコレート企業における児童労働問題のように、エシカルな消費者が不買運動を起こすことで企業の行動を変えたという例はこれまでもたくさんあります。そして、これは消費だけでなく、投資にも同じことがいえるのです。

　最近ではSNSやスマートフォンの普及によって、株式や債券といった伝統的な金融商品以外にも、クラウドファンディングのように個人が小額でより手軽に投資する選択肢も増えており、投資はより身近なものになってきました。その金額の多い少ないを問わず、投資することの副次的な効果として、投資先企業の株価や業績だけでなく、その業界の動向、直面している社会課題、顧客の動き、事業地域の情報など、さまざまな情報に対して意識的または無意識的に向き合うようになれることがあります。間接的ではありながらも、投資を通じて、社会や環境とのつながりを感じられることは大きなメリットでしょう。たとえば、みなさんが化粧品会社の株式を購入したとします。仮にその会社が販売している洗顔料が海洋汚染の問題で話題にのぼっているマイクロプラスチックを多く含むという報道があったとき、みなさんはどのような反応をとるでしょうか。これまで海洋

汚染といった環境問題が一気に身近なものになる方もいるでしょう。競合他社の状況やマイクロプラスチックの規制が気になる方もいるかもしれません。このような情報への「気づき」は投資をしていなければ得られなかったものでしょう。

　また、「投資」という概念は、金融における狭義のものではなく、より広義に考えることもできます。自己投資という言葉があるように、みなさんがもっているスキルを増やすために働きながら学校に通ったり、資格試験を受けたりといったことも「投資」の1つです。急速に変化する社会においては、人材に求められるスキルは日々変わっていくものです。必要に駆られてないと勉強する気にならないのが常ではありますが、一歩先の社会を見据えた自己投資は長い目でみれば後々のキャリアに生きてくるはずです。成長するシェアリングエコノミーのお話を思い出していただけますでしょうか。現在、世の中に流通しているシェアリングのプラットフォームを活用すれば、みなさんが投資できる資本は、決して手元の現金だけではありません。スキルや経験、人脈、モノ、場所、情報などさまざまなものがシェアリングの対象になっています。それらを投じることでみなさんが得られるリターンには、収入という経済的リターンもあれば、社会的なリターンも存在します。たとえば、ある地方自治体が観光業振興のマーケティングのために副業人材を募集するとします。そうした枠への応募人材が、自らの時間とスキルを投じた結果得られるものは、収入だけではないでしょう。その地域での人脈形成や商習慣への理解、本業と副業をうまく時間配分するスキルかもしれません。もしこの応募人材が、この自治体で新たなビジネスを興そうと思っているのであれば、この副業という選択は非常にリターンの良い投資だったといえるでしょう。

　みなさんが「こうした社会に住みたい」といった希望をもっているのであれば、まずは、その社会を実現するにはどのような「行動」が必要か、長期的な視野に立ち、考えてみることが大切です。それが特定の企業への投資であることもあるでしょう。または、自らが何かを起こすことが必要

なことがあるかもしれません。その際には「行動」を起こすにはどのような「スキル」が必要か、そして、その「スキル」を身に付けるためにはいま何をしなくてはならないか、といったように、実現したい社会の姿から逆算して考えていくことが重要です。**限られたお金、限られた時間を、どのように投じていくのか、そのひとつひとつの判断が10年後のキャリアとライフスタイルに大きな影響を与えることになるのです。**

6　持続可能な社会の新たな主役になろう

　SDGsの普及に伴い、「持続可能性」や「サステナビリティ」という単語を耳にすることが増えました。(著者もそうですが) この分野に関心をもっておられる方も少なくはないと思います。では、持続可能な社会とはいったいどのようなものでしょうか。脳裏に浮かぶイメージは十人十色なはずでしょう。それは、豊かな自然環境と共生する社会であり、イノベーションが生まれる快適なスマート社会であり、差別のない平等な社会であるかもしれません。こうしたイメージは環境問題や社会課題への個人の興味や関心によって異なるものですので、正解はありません。重要なことは何を選択したかではなく、選択した内容をいかに「自分ごと化」し、主体的な行動に移すことができるかでしょう。著者は、その選択したテーマの大小に問わず、何らかの行動に移すことができる方を「持続可能な社会づくりの新たな主役」だと考えています。6つ目のメッセージは一人ひとりがそうした「主役」になれるということをお伝えしたいと思います。

　そもそも、「自分ごと化」とは何でしょうか。マーケティングの分野では頻繁に利用される言葉ですが、簡単にいえば、ある情報を「自分に関係

187

がある」と思わせること、です。なぜ「自分ごと化」が大事かというと、人は自分と関係があると思うものに対してしか行動を起こさないためです。人が何かに心を動かされ行動変容を促すきっかけには何事も自分ごと化が必要なのです。

　たとえば、海洋プラスチック問題があります。海に浮かぶプラスチックごみや漁業の網に引っかかったウミガメの写真をみる程度では、SDGsの「目標14：海の豊かさを守ろう」と、自分の生活とを紐づけて考えることができないかもしれません。しかし、普段利用しているスーパーのレジ袋が有料になったら？　旅行で訪れたビーチリゾートの海岸にゴミが打ち上げられていたら？　そうした小さな出来事は、「自分ごと化」のきっかけです。一見遠いと思う問題もそうした経験を通じて、自分と関係があるものなのだ、ということに気づくでしょう。さらにいえば、そうした気づきで終えてしまうのではなく、その後にビーチクリーンに参加する、エコバッグを使うようにする、といった小さな行動の変容こそが重要です。

　「新たな主役」という表現に対し、前章でご紹介した「グレタさんのようなヒロインには到底なれない」と思う方もいらっしゃるかもしれません。しかし、ここでお伝えしたいのは、グレタさんのような強力な個によるリーダーシップが皆々に必要だということではありません。むしろ、**持続可能な社会づくりに向けて、一人ひとりが自分の足元からできる小さなことを主体的に始めることこそが必要**です。その意味ではグレタさんのような活動家を支持するという行動も立派な行動の１つです（事実、彼女の活動は世界中のストライキのフォロリーによってより意味のあるものになっています）。みなさんのなかには何かに貢献したいが、自分に何ができるかわからない、という方もいるかと思います。そういう方は、最初のステップとして、自分のなかで完結できるところから始めることをお勧めします。たとえば、モノを買うときにエシカルな商品を選択してみることや、投資をするときに社会・環境活動に積極的な企業の株式を選択することなどです。次のステップとしては、たとえば、地域のボランティア活動に参加し

たり、プロボノ（ビジネス経験・スキルを活かしたボランティア活動）に挑戦したり、まず一歩を踏み出してみるとよいでしょう。最近では、そうした活動のマッチングサービスや、シェアリングサービスなども徐々に増えています。仕事を辞めて一発祈念、は誰にとってもハードルが高いですが、ボランティアやプロボノ、副業的な発想であれば、一歩を踏み出すことはできるかもしれません。

　現在、本書を執筆しているのは2020年です。10年後の2030年には、政府や自治体等がSDGs採択後の15年分の取組みをレビューしているでしょう。本書を手に取ってくださったみなさんのなかにも、これからの10年の間に持続可能な社会づくりの新たな主役となっている方もたくさん現れるかもしれません。また、読者のみなさんのなかにはお子さんがいらっしゃる方もおられるでしょう。たとえば、2020年現在で 6 年生の子どもたちは、その多くが2030年には社会に出ていきます。そうした子どもたちは、新学習指導要領のもと「持続可能な社会の創り手」としての教育を多かれ少なかれ受けています。2030年には、「SDGsの達成に向けて、あなたはどのような取組みをしたのですか？」という質問が、会社や家族、友人との会話においても当たり前の話題になっているかもしれません。まずは**小さな行動から一人ひとりが新しい社会の「主役」になることを目指しましょう**。

7　社会の変化をおそれずに、自分らしい人生を

　ここまでで、 6 つのメッセージをお伝えさせていただきましたが、本節が最後になります。ここまでのところを振り返ると、 1 つ目のメッセージでは、振り返り等を通じた自己理解の深化、 2 つ目のメッセージでは、人

生で直面したことをチャンスに転換させる発想、3つ目のメッセージでは、転機を乗り越えるための着眼点、4つ目のメッセージでは、精神的・経済的な自立への意識、5つ目のメッセージでは、投資という行動や考え方を通じた社会への主体的な働きかけ、6つ目のメッセージでは、持続可能な社会づくりへの参画、についてお伝えさせていただきました。それぞれのメッセージにも共通しますが、最終節でお伝えしたいことは、社会の変化をおそれずに、自分の個性を大切にし、自分らしい人生を歩むことの大切さです。

　東京大学の社会科学研究所の宇野重規教授は、著書117のなかで19世紀のフランスの思想家であるアレクシ・ド・トクヴィルの『アメリカのデモクラシー』の話を取り上げ、人が平等になり、互いが同じ人間であることがわかると、その間に残る違いに敏感になることを指摘しています。つまり、人が平等になればなるほど人は幸せになれると思いきや、人との比較に悩み、不幸を感じてしまうことがあるのです。インターネットでいろいろな情報があふれ、SNSで友人たちの幸せな写真をみていると、自分の現状への不満を抱いたり、時代の変化が激しく時間ばかりが進んでいくなか、自分だけが取り残されるのではないかと、将来への不安を感じたりしたことがある人は少なくないと思います。

　しかし、変化が激しく、見通しが立てづらいなかで生き抜くために必要なのは、まさに自分を取り囲む周囲の人との差である、自分らしさを強みにするということなのではないでしょうか。

　男性社会のガストロノミー界で3つ星を獲得した、フランス人女性のシェフのアンヌ・ソフィー・ピック氏は、あるインタビューのなかで「誰でも秘めた可能性をもっています。直観を研ぎ澄ましてそれに気づくことで、自分で原石を宝石に変えることができるんです。そして、その過程を夢がかなうまで諦めずに続けることで、自信をもつことにつながるのだと思います。」118と語っています。誰もがもっている自分らしさを理解し、それを活かし、さらなる努力をすることで成果が出れば、自分に自信がつ

き、ほかの人にはない強みとなります。

　本書のなかで繰り返し触れましたが、著者が執筆しているこのタイミングは、新型コロナウイルス感染症が発症し、多くの国でいまだに終息する見込みはありません。日本でも、全国で緊急事態宣言が発令され、一部の業種等の休業が要請され、住民には外出自粛要請が出ています。このような出来事が、今後増えないことを祈るばかりですが、このようなことが起きた後は、大きなパラダイムシフトが起きるのが世の常です。身近なところでは、今後、テレワークが企業で飛躍的に進むことが期待されます。都心の一等地にあるオフィスビルに勤められるものの柔軟な働き方ができない企業よりも、在宅勤務制度が整備されている企業のほうが、新卒の学生に人気が出る時代が来るかもしれません。

　過去、日本でバブルが崩壊した後には、多くの企業が新卒の採用を減らし、大学等を卒業した多くの学生が就職できず、非正規雇用で働かざるをえない状況となりました。著者の世代でもありますが、その世代は就職氷河期世代といわれ、年齢を経ても低収入を理由に、結婚できない方も多くいます。一方で、早々と雇われるという選択肢を捨て、起業をして成功した人が出てきた世代でもあります。当時、低迷していた株式市場に投資を行い、一財をなした人もいます。**変化に恐怖感はつきものですが、長期的視野でみたときには、変化が大きいほど、とらえ方次第でチャンスにもなりえる**のです。

　最後になりますが、読者のなかには、就職活動や今後のキャリアなどに不安をもたれている方も少なくないと思います。しかし、社会の変化をおそれずに、**一人ひとりが自分らしさを活かして人生を切り拓いていこうという気持ちをもつことが、個人の人生だけではなく、社会全体を照らしていく**のだと私たちは信じています。

【出典】

1　金融広報中央委員会「金融リテラシー調査」（2019年）p.34-35
　https://www.shiruporuto.jp/public/document/container/literacy_chosa/2019/pdf/19literacy.pdf

2　OECD（経済協力開発機構）「PISA調査（生徒の学習到達度調査）」（2018年）p.6
　https://www.oecd.org/pisa/publications/PISA2018_CN_JPN_Japanese.pdf

3　金融庁「証券投資に関する全国調査　平成30年度調査報告書（個人調査）」p.36,42
　http://www.jsda.or.jp/shiryoshitsu/toukei/data/files/h30/H30honbun.pdf

4　「女性の投資姿勢：水準よりも変化に注目〜2010年-2018年のサラリーマン調査の追加分析」（フィデリティ退職・投資教育研究所）p.2
　https://invest-navi.fidelity.co.jp/static/japan-invest-navi/survey-report/20190308.pdf

5　厚生労働省「平成30年賃金構造基本統計調査　結果の概況」p.1
　https://www.mhlw.go.jp/toukei/itiran/roudou/chingin/kouzou/z2018/dl/01.pdf

6　"Harnessing the Power of the Purse: Female Investors and Global Opportunities for Growth"（The Centre for Talent Innovation）p.4
　https://www.talentinnovation.org/_private/assets/HarnessingThePowerOfThe-Purse_ExecSumm-CTI-CONFIDENTIAL.pdf

7　金融広報中央委員会「子どものくらしとお金に関する調査（第3回）2015年度」p.28-30
　https://www.shiruporuto.jp/public/document/container/kodomo_chosa/2015/

8　厚生労働省「平成30年中における自殺の状況」（平成31年3月28日）p8-9.
　https://www.npa.go.jp/safetylife/seianki/jisatsu/H30/H30_jisatunojoukyou.pdf

9　シェリル・サンドバーグ著・川本裕子序文・村井章子訳『LEAN IN』（日本経済新聞出版社）p.131

10　厚生労働省「平成30年版働く女性の実情」p.24〜25
　https://www.mhlw.go.jp/bunya/koyoukintou/josei-jitsujo/18.html

11　国立社会保障・人口問題研究所「第15回出生動向基本調査」p.52
　http://www.ipss.go.jp/ps-doukou/j/doukou15/doukou15_gaiyo.asp

12　国立社会保障・人口問題研究所「第15回出生動向基本調査」p.52
　http://www.ipss.go.jp/ps-doukou/j/doukou15/doukou15_gaiyo.asp

13　内閣府「仕事と生活の調査（ワーク・ライフ・バランス）レポート2016」p.140
　http://wwwa.cao.go.jp/wlb/government/top/hyouka/report-16/zentai.html

14　株式会社日本総合研究所「東京圏で暮らす高学歴女性の働き方等に関するアンケート調査結果（報告）」（2015年）p.2
　https://www.jri.co.jp/MediaLibrary/file/column/opinion/pdf/151118_tokyoken.pdf

15　内閣府「男女共同参画白書　令和元年版」
　http://www.gender.go.jp/about_danjo/whitepaper/r01/zentai/index.html

16　内閣府「男女共同参画白書 令和元年版」
　　http://www.gender.go.jp/about_danjo/whitepaper/r01/zentai/index.html
17　厚生労働省「平成29年就業構造基本調査　結果の概要」（平成29年）p.6
　　https://www.stat.go.jp/data/shugyou/2017/pdf/kgaiyou.pdf
18　渡辺三枝子　編著『新版　キャリアの心理学』ナカニシヤ出版　p.210-211
19　サニー・S・ハンセン博士著・平木典子／今野能志／平和俊／横山哲夫監訳・乙須
　　敏紀訳『キャリア開発と総合的ライフ・プランニング』（福村出版）p.124-125
20　「ゼクシィ結婚トレンド調査2019」（リクルートマーケティングパートナーズ）調べ
　　https://zexy.net/contents/oya/money/kiso.html
21　住宅金融支援機構「2018フラット35利用者調査」p.9
　　https://www.jhf.go.jp/files/400350205.pdf
22　内閣府「児童手当Q&A」
　　https://www8.cao.go.jp/shoushi/jidouteate/ippan.html
23　生命保険文化センター「令和元年度　生活保障に関する調査」p.94
　　https://www.jili.or.jp/research/report/pdf/r1hosho/2019honshi_all.pdf
24　厚生労働省「平均30年簡易生命表の概況」p.2
　　https://www.mhlw.go.jp/toukei/saikin/hw/life/life18/dl/life18-02.pdf
25　金融庁　金融審議会 市場ワーキング・グループ報告書「高齢社会における資産形
　　成・管理」（令和元年6月3日）p.16
　　https://www.fsa.go.jp/singi/singi_kinyu/tosin/20190603/01.pdf
26　厚生労働省「平成28年版　厚生労働白書」p.260-261
　　https://www.mhlw.go.jp/wp/hakusyo/kousei/16/dl/all.pdf
27　厚生労働省「平成28年度　全国ひとり親世帯等調査結果報告」p.56
　　https://www.mhlw.go.jp/stf/seisakunitsuite/bunya/0000188147.html
28　内閣府
　　https://www.esri.cao.go.jp/jp/sna/data/data_list/kakuhou/files/h30/sankou/pdf/
　　kokusaihikaku_20191226.pdf
29　労働政策研究・研修機構「ユースフル労働統計2018」
　　https://www.jil.go.jp/kokunai/statistics/kako/2018/documents/useful2018.pdf
　　p.315
30　橘玲著『2億円と専業主婦』（マガジンハウス社、2020年）p.23-24
31　厚生労働省「平成30年版働く女性の実情」
　　https://www.mhlw.go.jp/bunya/koyoukintou/josei-jitsujo/18.html
32　株式会社日本総合研究所「東京圏で暮らす高学歴女性の働き方等に関するアンケー
　　ト調査結果（報告）」（2015年）http://www.jri.co.jp/MediaLibrary/file/column/opinion/pdf/151118_tokyoken.pdf
33　厚生労働省プレスリリース
　　https://www.mhlw.go.jp/content/12502000/000468259.pdf
34　国税庁「源泉徴収のしかた」
　　https://www.nta.go.jp/publication/pamph/gensen/shikata_r02/pdf/00.pdf　p.5

35 度事業主の皆様へ（雇用保険用）令和2年度　労働保険 年度更新　申告書の書き方
https://www.mhlw.go.jp/new-info/kobetu/roudou/gyousei/hoken/2019/dl/koyou-all.pdf　p.9

36 国税庁「No.1410　給与所得控除」
https://www.nta.go.jp/m/taxanswer/1410.htm

37 厚生労働省「平成30年度雇用均等基本調査（速報版）」
https://www.mhlw.go.jp/stf/newpage_05049.html

38 厚生労働省「あなたも取れる！産休＆育休」
https://www.mhlw.go.jp/bunya/koyoukintou/pamphlet/dl/31.pdf

39 全国健康保険協会「出産で会社を休んだとき」
https://www.kyoukaikenpo.or.jp/g3/cat315/sb3090/r148/

40 厚生労働省「Q&A～育児休業給付～」
https://www.mhlw.go.jp/stf/seisakunitsuite/bunya/0000158500.html

41 厚生労働省「平成30年度　能力開発基本調査」
https://www.mhlw.go.jp/stf/houdou/00002075_000010.html

42 厚生労働省「教育訓練給付制度」
https://www.mhlw.go.jp/stf/seisakunitsuite/bunya/koyou_roudou/jinzaikaihatsu/kyouiku.html

43 厚生労働大臣指定教育訓練講座検索システム
https://www.kyufu.mhlw.go.jp/kensaku/SCM/SCM101Scr02X/SCM101Scr02XInit.form

44 ハローワークインターネットサービス「教育訓練給付制度」
https://www.hellowork.mhlw.go.jp/insurance/insurance_education.html

45 国立社会保障・人口問題研究所「第15回出生動向基本調査（夫婦調査）」（2016年）
http://www.gender.go.jp/public/kyodosankaku/2019/201905/201905_02.html

46 厚生労働省「Q&A～労働者の皆様へ（基本手当、再就職手当）～」
https://www.mhlw.go.jp/stf/seisakunitsuite/bunya/0000139508.html

47 厚生労働省、都道府県労働局、公共職業安定所（ハローワーク）、地方運輸局「再就職手当のご案内」
https://www.mhlw.go.jp/content/11600000/000532906.pdf

48 東京しごとセンター
https://www.tokyoshigoto.jp/

49 独立行政法人労働政策研究・研修機構「キャリア・インサイト（統合版）」
https://www.jil.go.jp/institute/seika/careerinsites/index.html

50 ジョブ・カード制度「総合サイト」
https://jobcard.mhlw.go.jp/

51 独立行政法人労働政策研究・研修機構　第4回改訂厚生労働省編「職業分類」
https://www.jil.go.jp/institute/seika/shokugyo/sakuin/

52 三井のリハウス「リハウスガイドブック」
https://www.rehouse.co.jp/pdf/rehouse_guidebook_170113.pdf

53　全国健康保険協会「病気やケガで会社を休んだとき」
https://www.kyoukaikenpo.or.jp/g3/cat310/sb3040/r139/

54　厚生労働省「高額療養費制度を利用される皆さまへ」
https://www.mhlw.go.jp/stf/seisakunitsuite/bunya/kenkou_iryou/iryouhoken/
juuyou/kougakuiryou/index.html

55　公益財団法人生命保険文化センター「医療保険とは？」
https://www.jili.or.jp/h_guide/iryo/01/

56　国税庁「No.1140　生命保険料控除」
http://www.nta.go.jp/taxes/shiraberu/taxanswer/shotoku/1140.htm

57　内閣府　被災者生活再建支援制度の概要
http://www.bousai.go.jp/2011daishinsai/pdf/080818gaiyou.pdf

58　一般社団法人日本損害保険協会「保険の用語集」
https://www.sonpo.or.jp/wakaru/word/

59　内閣府「防災情報のページ」
http://www.bousai.go.jp/kyoiku/hokenkyousai/kanyu.html

60　日本年金機構「保険料と総報酬制について」
https://www.nenkin.go.jp/service/kounen/hokenryo-kankei/hoshu/20140714.html

61　日本年金機構「年金の繰上げ・繰下げ受給」
https://www.nenkin.go.jp/service/jukyu/roureinenkin/kuriage-kurisage/index.
html

62　国税庁「No.1140　生命保険料控除」
http://www.nta.go.jp/taxes/shiraberu/taxanswer/shotoku/1140.htm

63　厚生労働省平成30年度　子ども・子育て支援推進調査研究事業「妊娠・出産に当たっ
ての適切な栄養・食生活に関する調査」（日本総合研究所）
https://www.jri.co.jp/page.jsp?id=34324

64　厚生労働省平成30年度　子ども・子育て支援推進調査研究事業「妊娠・出産に当たっ
ての適切な栄養・食生活に関する調査」（日本総合研究所）
https://www.jri.co.jp/page.jsp?id=34324

65　プレジデント・オンライン「学歴・収入により女性の朝食摂取率は全然違う」（小島
明子・青山温子）
https://president.jp/articles/-/29581?page=3

66　日本FP協会「FP資格について」
https://www.jafp.or.jp/confer/fpsoudan/choose/performance.shtml

67　日本FP協会「世代別比較　くらしとお金に関する調査2018」
https://www.jafp.or.jp/about_jafp/katsudou/news/news_2018/files/newsrelease
20181105.pdf

68　一般社団法人投資信託協会「投資信託に関するアンケート調査報告書（2019年3
月）」p.44
https://www.toushin.or.jp/statistics/report/research2019/

69 国民年金連合会「iDeCo公式サイト」
https://www.ideco-koushiki.jp/

70 財務省「令和2年度税制改正（案）のポイント」p.3
https://www.mof.go.jp/tax_policy/publication/brochure/zeiseian20/zeiseian02all.pdf
財務省「第201回国会における財務省関連法律」（令和2年3月27日付けで法律改正）
https://www.mof.go.jp/about_mof/bills/201diet/index.htm#02
金融庁「令和2年度税制改正について（令和元年12月）」p.2
https://www.fsa.go.jp/news/r1/sonota/zeikaitaiko01.pdf

71 厚生労働省「平成30年度雇用均等基本調査」
https://www.mhlw.go.jp/toukei/list/71-30r.html

72 国土交通省「女性の定着促進に向けた建設産業行動計画〜働きつづけられる建設産業を目指して〜Plan for Diverse Construction Industry where no one is left behind」
http://www.mlit.go.jp/totikensangyo/const/totikensangyo_const_tk1_000088.html

73 鉄建建設「コーポレートレポート2019」
https://www.tekken.co.jp/csr/pdf/csr2019.pdf

74 厚生労働省「女性の活躍推進企業　データベース」
https://positive-ryouritsu.mhlw.go.jp/positivedb/

75 厚生労働省「平成30年雇用均等基本調査」
https://www.mhlw.go.jp/toukei/list/71-30r.html
https://www.mhlw.go.jp/toukei/list/dl/71-30r/11.pdf

76 厚生労働省委託　三菱UFJリサーチ＆コンサルティング「平成27年度　ポジティブ・アクション「見える化」事業　女性活躍推進に関する調査報告書」（平成28年3月）p.25
https://www.mhlw.go.jp/bunya/koyoukintou/pamphlet/pdf/160701-02.pdf

77 厚生労働省「平成26年雇用均等基本調査」
https://www.mhlw.go.jp/toukei/list/71-26r.html

78 https://positive-ryouritsu.mhlw.go.jp/positivedb/

79 http://www.fao.org/state-of-food-agriculture/en/

80 ビジネスと持続可能な開発委員会「より良いビジネスより良き世界」
http://report.businesscommission.org/uploads/Japanese.pdf

81 日本能率協会総合研究所「【Press Release】人工肉世界市場 2023年に1,500億円規模に――MDB Digital Search有望市場予測レポートシリーズにて調査」（2019.04.24）
http://search01.jmar.co.jp/static/mdbds/user/pdf/release_20190424.pdf

82 農林水産省「知ってる？日本の食料事情〜日本の食料自給率・食料自給率と食料安全保障〜」平成27年10月
https://www.maff.go.jp/chushi/jikyu/pdf/shoku_part1.pdf

83 環境省「バーチャルウォーターとは」
https://www.env.go.jp/water/virtual_water/

84 新生銀行グループ、一般財団法人社会的投資推進財団　プレスリリース「社会課題解決に向けたベンチャー支援・育成インフラとしての日本インパクト投資2号ファン

ドを設立」（2019年6月28日）

85　経済産業省「シェアリングエコノミーに関する実態調査」
　　https://www.meti.go.jp/statistics/tyo/share_eco/index.html

86　内閣府「まち・ひと・しごと創生基本方針2019について」
　　https://www.kantei.go.jp/jp/singi/sousei/info/pdf/r01-06-21-kihonhousin2019gaiy-ou.pdf

87　消費者庁「「倫理的消費」調査研究会 取りまとめ～あなたの消費が世界の未来を変える～」（平成29年4月）
　　https://www.caa.go.jp/policies/policy/consumer_education/consumer_education/ethical_study_group/pdf/region_index13_170419_0002.pdf

88　The Co-op and Ethical Consumer, "Twenty Years of Ethical Consumerism"
　　https://www.ethicalconsumer.org/sites/default/files/inline-files/Twenty%20Years%20of%20Ethical%20Consumerism%202019.pdf

89　文部科学省「新しい学習指導要領「生きる力」
　　https://www.mext.go.jp/a_menu/shotou/new-cs/index.htm

90　文部科学省「平成29・30年改訂 学習指導要領、解説等」
　　https://www.mext.go.jp/a_menu/shotou/new-cs/1384661.html

91　デロイトトーマツコンサルティング合同会社「2019年デロイトミレニアル年次調査」
　　https://www2.deloitte.com/jp/ja/pages/about-deloitte/articles/about-deloitte-japan/millennial-survey.html

92　厚生労働省「働き方の未来2035～一人ひとりが輝くために～」（2016年8月）
　　https://www.mhlw.go.jp/file/06-Seisakujouhou-12600000-Seisakutoukatsukan/0000133449.pdf

93　厚生労働省「副業・兼業の促進に関するガイドライン」
　　https://www.mhlw.go.jp/file/06-Seisakujouhou-11200000-Roudoukijunkyoku/0000192844.pd

94　厚生労働省「モデル就業規則」
　　http://www.mhlw.go.jp/file/06-Seisakujouhou-11200000-Roudoukijunkyoku/0000118951.pdf

95　経済産業省　平成30年度「関東経済産業局における地域中小企業・小規模事業者の人材確保支援等事業」兼業・副業による人材の受け入れニーズ調査報告書（株式会社学情／株式会社パーソル総合研究所）

96　パーソル総合研究所「副業の実態・意識調査」（2018年10月）
　　https://rc.persol-group.co.jp/research/activity/data/sidejob.html

97　谷田千里、タニタ編著『タニタの働き方革命』（日本経済新聞出版社）

98　日本政策金融公庫総合研究所「2019年度新規開業実態調査」
　　https://www.jfc.go.jp/n/findings/pdf/topics_191122_1.pdf

99　日本政策金融公庫総合研究所「2019年度起業と起業意識に関する調査」
　　https://www.jfc.go.jp/n/findings/pdf/topics_191223_1.pdf

100 厚生労働省「生活保護の被保護者調査（平成30 年度確定値）の結果」
https://www.mhlw.go.jp/toukei/saikin/hw/hihogosya/m2019/dl/h30gaiyo.pdf

101 厚生労働省「平成29年版厚生労働省白書」

102 株式会社日本総合研究所「東京圏で暮らす高学歴女性の働き方等に関するアンケート調査結果（報告）」（2015年）
https://www.jri.co.jp/page.jsp?id=27622

103 内閣府「男性の暮らし方・意識の変革に向けた課題と方策」（2015年）p.19
http://www.gender.go.jp/kaigi/senmon/kurashikata_ishikihenkaku/houkoku.html

104 国民生活産業・消費者団体連合会（生団連）「男の『ちょいカジ』マニュアル」（2016年12月発行）
https://www.seidanren.jp/choikaji/

105 エドガー・シャイン著、二村敏子・三善勝代訳『キャリアダイナミクス──キャリアとは、生涯を通しての人間の生き方・表現である。』（白桃書房）p.143-144

106 エドガー・シャイン著、金井壽宏訳『キャリア・アンカー──自分のほんとうの価値を発見しよう』（白桃書房）p.79-82

107 スタンフォード大学ウェブサイト
https://news.stanford.edu/2005/06/14/jobs-061505/

108 渡辺三枝子編著『新版　キャリアの心理学──自己分析手法と転機成功事例33』（ナカニシヤ出版）p.189

109 ナンシー・K・シュロスバーグ『「選職社会」転機を活かせ』（日本マンパワー出版）p.73-180,

110 渡辺三枝子編著『新版　キャリアの心理学──自己分析手法と転機成功事例33』（ナカニシヤ出版）p.186-198

111 古川智映子著『土佐堀川　広岡浅子の生涯』（新潮文庫）

112 NHK ホームページ
https://www.nhk.or.jp/bunken-blog/500/251622.html

113 ビデオリサーチ　ホームページ
https://www.videor.co.jp/tvrating/past_tvrating/drama/02/index.html

114 渡辺美枝子編著『新版　キャリアの心理学』（ナカニシヤ出版）p.97-102

115 ロイス・P・フランケル著、高山祥子訳『大人の女はどう働くか？──絶対に知っておくべき考え方、ふるまい方、装い方』（海と月社）p.96-97

116 salary.com
https://www.salary.com/articles/stay-at-home-mom/

117 宇野重規著『未来をはじめる──「人と一緒にいること」の政治学』（東京大学出版会）

118 https://www.cosmopolitan.com/jp/trends/career/a26849934/living-your-own-life-in-france-anne-sophie-pic/

著者プロフィール

小島　明子（こじま　あきこ）担当章：第1章、2章、3章、6章

株式会社日本総合研究所
創発戦略センター/ESGリサーチセンター　スペシャリスト
日本女子大学文学部卒、早稲田大学大学院商学研究科修了
（経営管理修士）。機関投資家等向けに企業のESG評価を実施する傍ら、女性活躍や働き方に関する調査研究に従事。IESS客員主任研究員。著書に『女性発の働き方改革で男性も変わる、企業も変わる』、『子どもの放課後を考える―諸外国との比較でみる学童保育問題』（共著）。CFP認定者、ファイナンシャル・プランニング技能士1級、国家資格キャリアコンサルタント保有。

橋爪　麻紀子（はしづめ　まきこ）担当章：第5章、6章

株式会社日本総合研究所
創発戦略センター/ESGリサーチセンター　マネジャー
上智大学文学部卒、マンチェスター大学大学院開発政策マネジメント研究院修了。民間企業、国際協力機構（JICA）を経て、2012年より現職。機関投資家等向けに企業のESG評価を実施する傍ら、ビジネスを通じた社会的インパクト創出のための調査研究・コンサルティングに従事。著書に『行職員のための地域金融×SDGs入門』、『ビジネスパーソンのためのSDGsの教科書』、『投資家と企業のためのESG読本』（いずれも共著）他。

黒田　一賢（くろだ　かずたか）担当章：第4章

株式会社日本総合研究所
創発戦略センター/ESGリサーチセンター　スペシャリスト
青山学院大学経済学部卒。岡三証券株式会社、EIRIS、Climate Bonds Initiativeを経て2015年より現職。株式運用のための非財務面での企業評価業務などに従事。独立系調査機関所属非財務アナリストランキングIRRI2012で、日本人で最高位の世界4位。日本証券アナリスト協会認定アナリスト（CMA）。青山学院大学地球社会共生学部非常勤講師。日本サステナブル投資フォーラム（JSIF）運営委員。著書に『ビジネスパーソンのためのESGの教科書　英国の戦略に学べ』。

「わたし」のための金融リテラシー

2020年11月12日　第1刷発行

　　　　　著　者　小　島　明　子
　　　　　　　　　橋　爪　麻紀子
　　　　　　　　　黒　田　一　賢
　　　　　発行者　加　藤　一　浩

　　〒160-8520　東京都新宿区南元町19
　発　行　所　一般社団法人 金融財政事情研究会
　企画・制作・販売　株式会社きんざい
　　　出版部　TEL 03(3355)2251　FAX 03(3357)7416
　　　販売受付　TEL 03(3358)2891　FAX 03(3358)0037
　　　　　　URL https://www.kinzai.jp/

カバー・本文イラスト：はまぐり涼子
DTP・校正：株式会社アイシーエム／印刷：株式会社日本制作センター

ISBN978-4-322-13563-3